JN409237

그 씨앗 하나

心泉 홍영택 시집

시인의 집「향곡당」현판 기증식

詩心을 품은 시인의 정자「향곡당」

엠-애드

홍영택(시인/화가/문학박사), 정숙자(효행 · 현모양처부문 황금마패상수상자)
박용기회장(어사 박문수 8대손 고령박씨 대종회 대표)

정숙자(부인), 홍근훈(큰아들), 홍영택(시인/신원전 국제미술특별상 수상)

형님 홍명택님과 시인 홍영택(세계환경문학상 수상)

국제문협총재 김선(문학평론가) 세계환경문학상 수상 홍영택(시인)

부인 정숙자님과 시인/화가 홍영택 문학박사

시인/화가 홍영택 문학박사의 가족사진

진주 남강 촉석루 배경/ 촬영:홍영택(시인/작가)

임진왜란때 순국한 김시민 장군 동상

홍영택 화가 외손자와 함께

자신의 그림 호랑이와 함께

그림에 몰두하는 홍영택(시인/화가)

시인의 말

활발한 걸음으로 가슴에 남은 말을 다 하리라
다짐하고 또 다짐했건만
세월이 내 것인 냥, 물 쓰듯 쓰면서 이 핑계 저 핑계로 술친구와 놀다가
귀한 시간을 허가 없이 소비해 자리에 돌아오는 시간도
너무 지체되어 詩한테 미안하고
한편 고마운 마음입니다.

詩 쓰는 일이 없었다면 헐렁한 시간, 브레이크 없는 주막집 발걸음을
염려하며 소일했을 터인데 관속에 함께 갈 동반자가 고맙습니다.
꽉꽉 찬 머릿속에 詩가 꼬물거리며 비집고 밀고 나와
긴급 형광등 불빛 안내로 노트에 흘리렵니다.

나이라는 시간을 먹고 보니 그간의 일들이 늘 그리움이고 슬픔이고
잊지 못할 기다림 밖에 없는 줄 알았는데
詩가 젊음이고 내 청춘이며 행복이었습니다.

아내가 잡아 준 격려의 등불에 감사의 말을 못 했네요
마음에만 담아 두지 말라고 詩가 자꾸만 나무라는데
건강을 기원하며 이 시집으로 대신합니다.

해맑은 젊음은 갔지만 청춘은 돌아왔습니다.
아름다움으로 승화하여 열심히 걸어가겠습니다.

추억은 그립고
　　보고 싶고
　　　눈물 나고
　　　　무겁습니다.

2014. 2.

천왕산 마루에서　홍영택

차 례

제 2 부 고향의 향수

제 3 부 시인의 날

제 4 부 농자천하지대본

제5부 망부석

제6부 추억의 길 위에서

1부
그 씨앗 하나

농심은 천심이다

밝지도 어둡지도 않는 어둑한 초저녁
싸라기 달빛이 깔려 있는 들길을 걷는데
늘 아버지가 하신 말씀이
내 발 앞에서 반짝반짝 빛이 되어 구른다.

아버지 젊어서 부잣집 머슴살이 가면
일 년 치 새경을 앞 당겨 온 섣달 그믐날 밤
빛나는 살림을 사는 기술은
어머니 손에 달렸다며
모자라도 풍부한 마음으로
열 두 식구 연명하자고 등을 다독이셨는데

자식 머슴살이는 대 물림 안 된다며
밥상 앞에서 푸념처럼 되풀이하시곤 했다

다 먹은 그릇에 밥알이 하나라도 붙어 있거나
숟가락 들 때 턱밑 손 바치지 않으면
벼락과 호통으로 농부의 손이 다 미친 걸
입에만 넣으면 되는 밥알을
울린다며 걱정이셨다.

헛기침을 연신 하시며 인생의
애달픔을 말하고 싶었던 아버지
근심을 먹은 쌀이 가치를 상실할까봐
밥상에 앉으면 항상 감사하고
고마운 마음으로 먹어야
피가 된다고 하셨다

Voice of Farmer is the Voice of God

Written by: Hong, Young-Taek

Not light nor dark and gloomy evening
While walking on the field road under the glimmering frozen moonlight
Those words usually spoken by the father
Are turned into glittering moonlight that rolling in front of my feet.

When father was young and worked as a farmhand at a rich house
One year' s wages were received in advance on the last day of December.
The know-how to lead the happy life
Depended on the mother' s hands and
Encouraged the twelve of family to lead the livelihood
With and easy and comfortable mind even if it is insufficient.

Admonished us over and over at the table and
Instructed us not to link the farmhand works to the next generation.

When a grain of rice is left in the empty rice bowl and/or
When palm is not held under the chin while spoon-feeding
Severely warned us take heed of rice and
Advised the family to pay the cordial thanks
Whenever eating the boiled rice.

Doing the frequent coughing to clear his throat
Father might wanted to say hardship of the life and also
Told us to think of important value of the rice and
Expressed his thank always at the table and
Advised everyone to take foods with a grateful mind
Saying it will become to blood.

촉석루 연가戀歌

논개의 충절이 꿈틀거린다.
층층 돌담에 머리 풀어 헤치고
민족의 한을 달래며
촉석루 평석에 숨은 듯 핀
민들레 노랑 논개

반짝이는 남강의 푸른 물결
설대 낚시 강태공, 황포 돛대는
바다로 갔는지 소문도 없고
왜적과 싸우다 피에 얼룩진
영령들의 아우성만
성城을 지키는 잔디밭에
광복의 기쁨을 보지 못한
충절의 눈물 자국 선명하구나.

영혼이라도 슬퍼 한탄하며
나무 기둥 얼싸안고 돌아가던
촉석루 뒤켠에는
노랑 민들레, 원한怨恨의 목쉰 울음
광복을 갈망한 그대의 넋이
성城을 넘고 산을 넘어
먼 길
쓸쓸히 쓸쓸히
흘러 흘러 가는구나.

Lecturer at the Chok-Seok-Ru Watchtower

Written by: Hong, Young-Taek

The allegiance of Gisaeing Non-Gae is Wriggling.
Her hair is being dishevelled around the piled-up stone wall and is soothing the resentment of the peoples.
Yellow dandelion of Non-Gae
Is blooming in the shade of stone of the CHok-Seok-Ru Watchtower.

Blue waves are glittering on the Nam-Gang River.
There an angler Gang-Tae-Gong with bamboo fishing rod, and the yellow cotton sail
Heard nothing about whether they had left for the ocean.
The shouting sounds of the departed souls
Make us seeing their bloodstains suffered in the fighting against Japanese invaders.
In the lawn ground that keeps the castle
There are vivid traces of the loyal tearstains
Being not aware of pleasure of the liberation.

Even those souls had grieved and lamented, and
hugged and turned around the wooden pillar.
In the backyard of the Chok-Seok-Ru Watchtower,
Yellow dandelion shows their resentful hoarsened crying and
All those souls had aspired the liberation
In above the castle and the mountain.

The far-off road
Lonesomely and lonesomely
Is going and going and going away.

그 씨앗 하나

골목 길 좁은 돌담
사이사이에 숨겨 놓은 듯
산 벚꽃처럼 화사한 미소가 있는
아지랑이 그대 자작시自作詩를 읽고
나는 몸져 눕고 말았소

읽고 또 읽고, 닳도록 읽다보니
어느새, 빈 내 마음을 점령하여
또렷또렷 새싹으로 소리 없이 커
꽃피고 열매 맺어 세상에 내어 놓을 만큼
만만하게 자랐습니다.
잠 못 이루게 한, 그 씨앗을
이제 그대에게 바치려 합니다.

자나 깨나 마음을 콩콩 뛰게 한 그 열매
입안에 굴리고 굴려 닳아서
더 아름다워진 씨앗
그대의 꽃밭에 심지 않고는
내 생에 보태어 지고 갈 수 없기에

오늘은 기어이
입안에 씨앗을
그대에게 내어 드리렵니다.

"당신을 사랑합니다."

산 까치의 하루

초파일을 이틀 앞두고
부처님의 제자
스님도 시장 보러갔고

절 마당에 빨간 물앵두 나무에서
산 까치는
혼자 산사를 지키는데
난 오늘 주지다

스님의 육성 염불이
녹음기 돌리는데
이런 날은 나도
스님 한번 해보고 싶다

부처님이 뭐라고 하실려나

하루해가 서산에 걸리자
산 까치도 산 넘어 집으로 간다

골목길 반상회

옹기종기 앉으면
세상 시름 쏟아지는 곳
대문 앞 골목길
산전수전 겪은 웃음이 넘실대는 길
쓰러질 듯 좁다란 블록담을 타고
통신사들 몰려오면
세상일 훤하게 보이는 저녁
요즈음 국회보다 낫다

이곳도 아파트촌 재건축 한답시고
머릿기름깨나 바른 사람 밤낮 없이
끼웃거리며 줄자를 들이 대는 게
심상찮고

정든 세상의 아름다움이
이 골목에서 피어나는데
어디선가 거센 헛바람이 불어와
단독 주택을 비싼 값에 사들인다고
말들만 무성한 걸 보니
아무래도 바람을 탄다 싶다

성품이 급한 연립주택 아주머니는
이웃 연립주택은 제외라는
반장 아주머니의 말에
삐쭉 내민 입술에
따리 열개는 걸 수 있겠다 싶더니
핫바지 방구 새듯
스르르 가버린 골목길 반상회

아파트촌 되면 생활경제 뉴스가 아쉬워
세상 삭막할 텐데...

할무이예!

주무시다 새벽녘
별안간 마당에서
“불이야” 외치는 바람에
동네 사람 다 모이고
뒤란을 돌아
감나무 밑을 서성거리다
뜨락에 앉는 일흔 여덟 할무이

할무이는
한 세상, 못 다한 시름들이
풍선처럼 부풀어 목에 가시로 가득 찬 걸
내 생을　쫓기듯 살면서 지천명을 지나서야
젖은 눈에 할무이가 명확히 보였다.

– 와 나를 빼끔히 쳐다보고 그 카노 –

내 몸은 무엇엔가　쫓기듯 떨려오고
할무이 두꺼비 손등에는
어머니 세상 떠난 그 자리
짊어 진 쪼무래기 칠남매 키운 흔적으로 슬픈데
소리 없이 찾아 온 먼 나라 손님에게
속절없이 손목 잡혔다

달빛 머무는 뜨락을
삼삼 헤아려 보시고는

"-할배 제사가 언제더노!."

비밀! 달은 다 안다

달
월月계수 나무 밑
토끼가 방아를 찧는 건

내 사는 산골짝 바위틈
망개나무 밑에서
떡 만드는 모습이
달에 비친 것이다

달이 낮에 없다고
몰래한 세간에 비밀을
달이 모를까

세상사 일이거나
내 거친 행동도 다 치부책置簿册에
꼼꼼히 적어서
언젠가
앞에 내어 놓고
허술한 삶을 따질 것이니 겁이 난다

가슴을 쓰다듬어 살펴보지만
남모르게 만나는 일도
어쩐지 누가 보는 듯 하고

가슴이 콩콩 뛰는 것은
달이 치부책置簿册에
사박사박 적는 소리
때문일게다

공상空想 병病은 큰 병이지요.

언제 왔는지
가을 단풍이
휘파람 불어제치며, 기어이
스렁스렁 소매 끝을 헤집어
가슴가슴 들쑤셔놓고는
휙!..
나자빠진다.

이런 가을이 하릴없이
산비탈 초목마다 잠 깨워
오색 물감 뿌려 놓고
귀뚜라미 불러내 꾀어서
저문 해를 따라 가자며 나선 길을 보고
나도 무작정
혼자 나서고 싶어지는 병이 있지요

모기작모기작 내 몰린 발길로
한 걸음 한 걸음 나서 보는데요.
문득 가다 서서, 하늘 보며
엉뚱한 상념에 붙잡혀
하-아!. 저 구름을 타면
땅 끝, 그대 집 닿을 수 있을까
노란 은행잎 떠 있는 강물을

간지럼 피우는 저 바람을 타야
그대 집 닿을 수 있을까
삼삼 가을이 눈앞을 가로막는 병

전기 줄 같은 직선의 자존심으로
무작정 고뇌를 지고
목화 솜 날리 듯 펄펄한 발
떼어 놓다가
신호등 바뀐 줄 모른 공상 병을 본
뒤차 운전자가
“운전대 잡고 뭘 생각 하냐?
제 정신이냐?”
불독 같은 사내에게
바가지로 욕 얻어먹었지요.

그 사내 입술만 달싹 달싹
째지게 떠들며
주먹총을 눈앞에 들이대는데요.
난 변명만 했지요

이맘 때 쯤 재발되는 병
대답을 혼자 꿰매는
환장 병
공상 병
분명 큰 병이지요.

복福이 아닌 복福

눈 가에 동전, 복점 하나
예닐곱 살 적 친구 복점이 가시나
조실부모 하고
홀로 할배가
복이 많다며 복덩이로 부르고
자랑 깔며 동구 밖
샘 길 오갔다

몇 해 전
복점이 가시나 열아홉 적
돈 번다 서울로 행차 하고
할배는 술병에 시름시름 앓다가
세상을 떠나자
반년 만에 배불러 고향 왔다

복점으로 잘 살 거라고
할배는 생전에 늘 빌었는데
식도 올리지 않은 머슴아도
복도 버드나무 복인지
새끼 뱃속에 남긴 채
세상살이 고뇌 병에 시들시들 앓다가
할배 한테 속죄 하러 갔고

골목에 맨드라미는
기력을 잃고
알몸으로 벙어리처럼 서서
세상일 변화무상에 한숨짓고

안개 속에 떨어지는
도토리 단풍잎이
먼저 떠난 할매처럼 슬픈데

여행길에서

내 자동차 여행길은
여유를 가지고 장꾼처럼 가면 될 일
서둘러 갈 길도 아니고
졸갑증 풀고 느슨한 인생길 휘파람 불며
세월아 네월아 여행을 즐기면 되지
앞질러 갈 것도 아니다

비온 뒤
비눗물로 박박 문질러 닦은 듯
명경明鏡처럼 맑은 태양을
차창유리에 붙이고
바쁜 걸음 내달리는 고속도로 차량들 속에
속도를 한 템포 늦추니
나 혼자 길이다
그렇구나! 일손을 놓으니
이제 찾을 사람도, 시간에 쫓길 일도 없는데
쓸데없이 바빴던 일에
괜히 내가 나한테 미안해 히죽히죽 웃었다

이제부터 내 인생 시간의 경제속도는
생의 기울기에 맞춰 돌아 갈 것이고
늙지 않는 시간은 나 없어도
팔팔한 초록 젊음으로

그 자리에서 돌아갈 세상이 아니던가.

가만 귀 기울어 가며
전설 같은 세상이 구르는 소리 좀 듣고
아무렇게나 서 있는 산도 보고
시키지도 않은 강물이
떠들며 흐르는 것도 좀 보고
저 앞 짧은치마 입은 멋진 아낙 다리도
좀 보고 가자

걸음을 늦추자

서쪽으로 가는 길

약속하지 않아도 오는 봄
철저하게 계산해서 새봄으로 오는데
올해 서쪽의 봄은 헌 봄이다.

매제가 연이어 셋
부려먹을 만큼 부려먹은 몸뚱이들
기계가 삐거덕 기우는 소리 난다
약속한 일일까
첫째 매제는 목과 허리에 부속품을
갈아 끼웠고
한 보름 지나 퇴원하는 날
둘째매제도 수억 번 돌아간 펌프를
수리하려고 입원했다

의사는 온 몸 구석구석을 마루걸레 뒤집듯
뒤지다가 찌꺼기 몰려 관이 막혔다며
칫솔질로 혈관을 뚫는다.
며칠 지나
둘째 퇴원하는 날
셋째도 중심부 기억장치 고장으로
전기가 발생하지 않는다며
신경의 전기전달 장치를 수리했다.
의사가 고장부분을 아는 것도

자동차 부품 갈아 끼우 듯
부속품을 갈아 끼우는 게
신통하다

호랑이도 잡을 나이에 벌써 고장 났냐며
애간장을 태우는 형제들은
신음소리 부산한 응급실 창가에서
내 몸뚱이 전기 불에 비춰 보라고 극성이다

밤이면 슬그머니
몸뚱아리 기울어지는 것이
반쯤 보이는 걸 보면
언젠가 병원의 정비공장
앰블런스 형광등이
바삐 돌 것 같다

열무 뽑는 날

비가 오려면 오든가
내키지 않으면 환하게 들든가
잠자리 떼 같은 비 구름이
비실비실한 걸 보니 세상사 일을
안 볼 걸 본 모양이다

좋다는 일자리 다 버리고
시험공부 한답시고
낮을 밤 삼아 자는
말만한 외동 귀 딸을
금지옥엽 키웠더니
쌀쌀거리고 밤 마실 다니는 게
못마땅해 차분히 공부 좀 하라 일렀더니

"내가 애야! 가만히 놔둬 좀"
황소 눈 벌겋게 뜨고는
선잠을 깨웠다며 깨지는 앙칼진 소리는
참!.
뉘 집 며느리가 될 건지, 저 나이
내 누님 같으면 새끼가 셋인데

혼자, 달랑 라면하나 끓여 끼니 때우는 세대
김치하나 담글 줄 몰라도

알뜰한 며느리로 통하는 세태를 보며.
재주가 좋은 건지 묻어두는 건지 원!...

비법이 있는 건지 모르지만
다가 올 세상일에 내 근심은
말짱 기우다
세상 변한 걸 까마귀 같이 몰라
애매한 열무만 쥐어뜯었다

신新세대인지
쉰五拾 세대인지
신酸 세대인지를 알아야
면장을 할 거라서
자식 앞에 아무 말도 못했다

여식女息 걱정에
자다가 마굿간 누렁이에게
짚을 풀어주던
아버지가 몹시 보고 싶다

쳇바퀴 돌리는 날

내 출근시간은 오후 다섯 시
아내 퇴근시간은 오후 여섯 시
밤별은 아내 혼자 따고

야간일 종료하고 퇴근은 오전 아홉 시
아내 출근시간 오전 여덟 시
계산이 복잡한 일상으로
일주일 지나고
아내가 남 보듯 할까 걱정했는데

이내 아내는
앞선 세월 빨리 당겨와
둘러치고 메치고 벌써 집사고
자식 출가시키는 완벽한 계산법에

이러지 말고 숨 돌려 살자고
말려도 보지만요
남아 있는 날을 훑어보아야 한다며
두덕두덕 헝겊 대어 기운
몸뻬 바지가 따뜻하다고
털모자 눌러 쓰고는
현관문 나서는 올빼미 신세 아내가
"전기장판 오래 쓰면

몸에 해롭다, 짧게 사용하라"는 말이
성모 마리아처럼 보였다

침실은 정적만을 인수인계한
이주일간 교대한 잠자리
밥상엔 늘
낯익은 반찬 두엇
군담이 주렁주렁 열리지만 오늘저녁 밥상은
모처럼 실눈으로 마주보며
갓 담은 씀바귀 김치 늘어지게 걸쳐
하얀 이밥을 곰처럼 먹고
주름진 얼굴을 스치는 바람처럼 두 번 보고
헛기침 서너 번 하면서 전설 같은 인생사
또 쳇바퀴 돌리러간다

날벼락

잠이 들깬 아침
졸림 햇살이 블록 담을 끼웃거리는데
두 평 남짓 샤워장에서
후다닥 쿵 딱
며칠째 소리가 요란하다

오늘은 기어코
생쥐님을 만나보고 싶은 날
후덥지근한 마당 한켠
화살촉 햇볕이 직선으로 날아드는
나지막한 한증막 샤워장이 잔칫날이다

요것들 천정에서 순식간에 바닥으로
세탁기와 변기 밑으로
비누 각 뒤집고 세탁기 컨트롤 전원박스
완전히 축구장을 만들고는
창문 방충망을 날라 다니 듯
낄낄거리며 복을 채우는데

샤워장 포위 수색 작전 돌입
하수구 죄다 틀어막고
때를 찾아 여기까지 왔나보다 하고
측은하게 여길 수도 있으나

문틈에 끼인 내 손가락 찰과상에다가
땀에 젖은 내 성질에, 요것들이 오줌뿌리고
전선 피복을 벗겨 스파크를 발생시켜
모든 괘씸죄 까지 적용

하--아 반찬을 뒤져먹던
도둑고양이가 그리운 날
세탁기 속에 잠적한 이 어른들
쾌 많은 나사 다 풀고 손을 넣었는데
아뿔사
손등 타고 비호같이 삼 십 육계
날벼락은 맑은 날에 치는 걸 모르고
함부로 대항했던 날

두 손 들고 항복 한 날

도라지 꽃

내 무릎이 뿌드득 소리가 난다.
뜨락을 내려서기도 예사롭지 않은 걸 보니
쬐끔 남은 생의고개 하나 또 넘었나 보다

아침 뒤 뜰, 새파란 젊은 연보라 도라지꽃은
자고 눈 뜨기 바쁘게, 날 좀 보소 날 좀 보소
청춘이 천 년 만년 이라며 노래를 읊으며
홧떡 집에 불을 질러도
내 그 불을 끌 여유가 없구나

어쩌자고
뭐가 그리도 좋은지 논 밭 각시들
봄꽃 짙은 화장에 색동옷 각시들 죄다 모아놓고
이 옹졸한 가슴에 바람을 잔뜩 집어넣느냐

봄꽃향기 두꺼비 춤에 몸을 꼬며
살금살금 보랏빛 치마 단을 올리며
성큼 내 눈앞을 막고 나선다만
눈 돌릴 여력도 없구나.

어쩌랴!. 내 자초한 일을 놀리지를 마라

혼잣손 들일에 깨가 튀고 콩이 튄다며

못 본체 고개 돌리자
도라지꽃
보랏빛 눈웃음에
스르르 봄날이 간다.

눈 오는 산사에서

하늘 높이 하얗게 하얗게
눈이 펑펑 내리는 날, 정막감에 젖은
나무는 눈을 감은건지 뜬 건지
어둡던 솔숲도
하얗게 눈 쌓이면
외로운 산새들이 절 마당을 끼웃거리며
대웅전 앞 석등에 생의 짐을
하나하나 내려놓는다.

동지冬至에 내리는 순백의 눈이
세상을 새하얗게 덮고 보니
분주한 인생사 높낮음이 공평하다
하 아!.
오늘 헝클어진 마음을 대웅전에 내려놓고
하얀 순백으로 물들이고 싶다

부처님이 이르기를
나는 평생을 한결같이
인간사 궂은 일 모난 일을
애愛와 자비慈悲로 베푸는데
너는 깨알만한 생生을 들고
고작 갈림길 하나를 방황하고 있냐며
호된 꾸지람에 동공만 굴리는데
새하얀 싸리 눈이 대웅전 앞마당에
소복이 쌓인다.

2부

고향의 향수

이유 없는 사랑

있으라고 더 있으라고
돌아서면 금방 보고 싶을 거라고
이슬비는 하염없이 내리는데
오동나무 꽃 같은 그 여인은 입버릇처럼
그리움을
보고 싶음을
잊지 못함을
위로랍시고 기껏 하는 말, 마음먹기에 달렸다고
실없이 책임 없는 사람처럼 말을 뱉고는
물안개 이슬비 속으로 가물가물 꿈인 듯
뽀얗게 떠나면서

사람의 일은 순간순간
마음먹기에 달렸으니 헤어짐의 아픔을
잠시만 내려놓으면 애哀가 살이 되는 법
스승도 아니라 하고
애인도 아니라 하고
어머니도 아니고
아내도 아니라는 그 여인
연보라 오동나무 꽃 같은 그 여인

아내이고 싶고
어머니이고 싶고

애인이고 싶은 오동나무 꽃 같은 그 여인을
늘 마음으로 그리다가
가시 없는 눈물만 난다
줏대 없는 눈물만 난다
이유 없는 눈물만 난다

기다린 손님

지각하며 오는 봄이
술 취해 오면서
남강건너 촉석루
대밭을 뒤지다가
그도 심심했는지

앞산 뒷산을 미친 듯
돌다가 꽃이란 꽃은
다 피워 놓고
내 집 화단은 안중에도 없다

비정한 봄

열아홉 순정, 부끄러운 분홍 빛 햇살이
살포시 내려앉은 봄비 멎은 들녘에
어쩌려고 눈부신 무지개를 저렇게 뿌리나

옆집에 철 대문을 끌어안고 밤낮 주인도 모르고
짖어대던 한 살 박이 애견이
막 피어오른 애기 풀숲에 얼굴을 묻고
슬픈 활개를 편 채
눈 뜰 힘도 없는지 등쪽 폐만 오르락내리락 한다

술만 퍼 마시면 세상이 자기 것 인양 흐느적거리며
쌍욕을 퍼 붓는 주인이라는 사내가
발길질이라도 했는지
애견은 불러도 대답이 없다

봄 햇살이 아파 운다
저렇게 삶이 꺾일 수 있다는 걸 모르고
세상에 온지 일 년 만에
풀잎을 베개 삼아 하늘로 간 슬픈 애견을
크로바 풀꽃들이 덮어주었다

상면하고 싶지 않은 봄이
세상일 산산이 흩어 놓고
저만치 간다.....

그리운 별 빛

말없이 홀로, 그 때 그 자리
가을 들깨 수북한 밭둑에 섰습니다.
오늘도 해 따라 가지 못한
저녁별을 보며 그대를 그립니다.

어제는
한 뼘 남은 햇발에
줄에 걸려 빈 몸을 꼬는 빨래를 보고
하얗게 웃는 그대를 보았습니다.

바스락 바스락 바람에 미끄러지는
낙엽이 집을 찾는 발소리는
그대가 나를 부르며 달려오는 소리 같아
너무 반가웠습니다.

오늘은 오동나무 꼭대기에
저문 한 이파리가 목쉰 매미 울음 달고
뜨락에 내려앉는데
가슴에 쓸쓸함이 밀려옵니다.

가을이 저물어 가는 밤
그대 그리움에
별빛만 하나하나
쓸어 담고 있습니다

내가심은 가을

남 등에 기대어 산다며
옆집 칡넝쿨도 눈치 하며
가시 발 서린 말로 철면피를 질타해도
굳건한 산머루는 까만 자기만의 염색체로
사랑의 결실을 맺었다

내 사는 게
어깨하나 기댈 곳 없이
풋풋하지 못한 생을 짊어지고
천년을 살 거라고
만년을 살 거라고
아등바등 동당거리며
십년 세월 당겨와 살펴본들
오십 보 백보인 걸
하여,
출중한 나만의 염색체도 없다

기필코
내 가을을 조립하여 심고
산머루 같이
까맣게 까맣게 걸어가며
사랑하고 싶다

겨울 붕어 빵

도도하고 살을 에는 매서운 겨울바람이
골목을 서성이다가
잠깐 들려 잠을 자는
소박한 옛날 그 김밥 집

그 때 찹쌀떡이 걸어 다니던 후라이팬의
따끈함이 그리워서
딸래미 독서실 갔다 오는 길에
붕어 빵 사오라 전화 문자 띄웠더니
어라!
맹송맹송 빈손으로 현관을 들어서는데
내가 요즈음 들어 자꾸 작아지면서
애들 같이 서러웠다

방안에서 추억을 찾으려한 것도 잘못
저녁 잘 먹고 입이 궁금한 것도 내 잘못
난데없이 밤에 먹고 싶은 것도 내 잘못

내 어려서 소풍 갈 때 효심이랍시고
맛있고 희한한 거라며
아버지께 국화풀빵을 사다 드리면
그 돈으로 한 끼니 밥을 먹지 쓸데없는 걸
사 먹는다고 야단맞았다

붕어도 들어있지 않은 붕어빵을
기대한 것이 몹시 서운했다

나에게 했던 언약

속상해 하시는 어머니를 볼 때는
난 아내를 울리지 않으리라 다짐했고
아버지와 어머니가 다툼을 할 때는
할머니가 손자 보시 듯
손이 간지럽게 아내를 사랑하겠노라고
나한테 언약을 했다

아내가 아플 땐
내가 먼저 아파하고
어머니가 편찮으실 땐
한 겨울에 무병장수 약초 찾아 나서리라
했다

이제는
어머니도 아버지도 안계시고 보니
언약을 지키지 못했다
하나밖에 없는 옆지기 아내가 홀연히
먼저 세상을 떠난다면
캄캄함이 무서워서 그 언약은
하지 못했다

먼 후일 언제 쯤
언약을 지키지 못해 당황한다면

필시
무덤덤한 흐린 날씨처럼
눈만 뜨고 상념 없는 생을 살았기 때문에
지나온 세월을 야속타고 넋두리 하면서
건더기 없는 고독함으로 슬퍼하겠지.....

직업을 버리고

갠 날 궂은 날 없이
내 하던 근본인 일
이 근본의 손을 놓고 세상에 오니
뿌리 없이 선다며 앙칼진 인간사가 나 같은
어중간은 쓸데없다고 산이나 타라하는데
한참을 생각해 보니
내가 숨은 쉬어도 산에 있는 것이나
같은 게로구나 싶었는데

막연히 내　쫓는 세상이 야속해 울 수도 없고
골목길에 찢어진 신문 쪽지에서는
젊은 실직자들의 한숨 소리가 땅이 꺼지는데
눈썹이 솟는 내 얄팍한 자존심은 주머니에서
꺼내지 말고 장롱 속에 잘 보관해야 될 일이다

경비직을 입에 올려도 봤지만
사람마다 품격이 있는데, 자영업을 최고로 치는
내 회사는 잠시도 휴일이 없어 일거리도 많다
세상이 무쇠처럼 빡빡하게 굴어도
난
내일 산도라지, 더덕, 취나물, 곰치 캐고
논밭에 거름도 내야하는데
이 봄, 천지에

꽃들은
산새들은
벌 나비는
놀자고 시끄럽게 떼거리로
몰려온다.

·

내 회사는 일자리가 많은데!....

굴러 온 돌 1

(전원주택을 지으며)

가진 것 없는 몸으로
나 살자고
옆 사람 안중에도 없이
있는 체 폼 잡으며, 낯선 마을에 인사도 없이
집을 짓는다고
굴러온 돌이 박힌 돌 옆에 으쓱대며 쿵 소리 내고
펄펄 뽀얀 먼지 일으키며
휘 ~ 휙 자동차 앞세워
터줏대감 집 골목길을 서슴없이
내달렸습니다.

누구 하나 거들떠보지도 않는 산골짝에
집을 짓는답시고 조용한 마을길을 뒤흔들며
모심는 어른들의 얼굴보고 모른 체하고
숙원사업을 해결하는 나랏님인양
농로農路 길 좁다, 불평하며 오갔는데요.
박힌 돌은 이곳에 뿌리를 두고
조상대대 살아온 터줏대감 아니든가요.

아낌없이 내 땅 네 땅 보태어 길 내느라
고명딸* 혼기 놓쳐가며 다져놓은 그 길을
팔랑개비처럼 굴러 굴러 무임승차한 얌체가
박힌 돌 빼러 왔냐며

물푸레나무 삿대질에 홍당무가 되었습니다.

이제 목 고개 들고 오가자니
아– 빨갛게, 몸 둘 곳을 몰라
내일아침 박힌 돌 어찌 볼까 싶습니다........

* 고명딸: 아들 많은 집 외딸

세상에서

이 세상에서
제일 보기 좋은 게 뭐냐고 묻는다면
서슴없이 봄꽃이 활짝 핀
들녘이라고 말하렵니다.

하여, 이 세상에서
기분이 좋을 때는 언제냐고 묻는다면
사랑하는 그대와
저녁 놀 짓게 깔린 꽃핀 들녘 길을
하염없이 하염없이
걸어보는 것이라 말하겠습니다.

그러면 이 세상에서
제일 고독할 때는 언제냐고 묻는다면
사랑하는 그대가
사랑한다 말하지 않을 때라 하겠습니다.

그리하여 가장 슬플 때는 언제냐고
그대가 묻는다면
난 주저 없이
애타는 내 마음을
몰라 줄 때라 말 하겠습니다

왜 그러냐고 물으신다면
그대가 다가오지 않고
아지랑이처럼 머뭇거리는 모습이
내 가슴에
깊이깊이 사무치니까요

고향의 향수

오래 전, 아버지 신혼 때
소나무 베어, 두 짐으로 초가삼간 집 한 채
당신 손수 짓고
뒷벽은 두꺼운 흙돌담으로 육이오 포탄도 견뎌 냈고
쪼무래기 칠 남매를 낳고 키운 보금자리였다

새끼 둥지 떠난 지 오래된 고향집을
부모가 지키다 세상을 떠나자
마을 이장里長은 보금자리가 비었으니
군郡에서 비용을 준다고 하니
당장 헐고 깨끗이 정리하라는데
네가 나되어 보라는 말 같이, 얼른 헐고 싶겠는가.

끼니도 재대로 때우지 못할 시절 집을 짓는 것이
아버지 그 시절의 염원이었다고
늘 한결같은 말씀이 어린 자식들 훈육이었는데
어머니 밤잠 설치고 쪼무래기 키운 곳
칠 남매 살이 트고
대大 식구 흥부네 가족 행복한 웃음은
보리밥에 금金싹이 트곤 했다

집은 헐리고 터만 남은 늙은 옛집
보금자리에 배어있는

어머니 젖 냄새는 간데없고
그 자리엔 콩이 크며 쑥이 자라고
골목 감나무는 멍든 이파리 몇 개 달고 한숨 쉬며
버려진 뒤주엔 납작 보리쌀 몇 알이
참!. 오랜만이라 인사 하네

아버지 고질병 고래 기침소리도
어머니 삼신에 비는 주문 소리도
경기驚氣에 생의 끈을 놓을 뻔한 내 혼줄 자국이
선명하여 눈물이 핑 돌았다
돌담에 기댄 녹슨 가마솥
보리밥물이 흐르던 자리엔 붉은 녹물이
눈물 되어 흐르고

고향
생각만 해도 울컥해 지는 그 집터에
다복한 옛정이 쌓여 가득한데
다시는 보지 못할 아버지 염원, 손수지은 초가삼간
뒤로하고 차마 발길을 돌리지 못해
석양이 지도록 마당을 거닐며
그리운 향수에
눈물 젖고 젖었다.

석공사石工士의 아침

돌을 깎아 비석을 조각하는 사람

대代 이을 고추울음으로 우렁차게 하늘 내려놓고
퉁퉁 가슴을 열고 태어나
세상일 다 하고파
지학*志學에 큰 뜻을 품었으랴
여닫는 세상사 문이란 문 다 열어 역사를 읽고
능통하게 갈고 닦아야 석공사石工士가 된다기에

전설 같은 세상에 발자국이라도 남기고 싶어
석각石刻장이로 걸어 온 외길
세월만큼 멀리 왔으니
칠순이 이마에 닿아 흰 머리카락 몇 낱 남았고
화강암 조각 돌부처에 인생을 담고 심었다

인간사 세상에 빚이負債 얼마나 되어
화려한 역사문화, 뼈가 부스러지도록
다듬어 빛내도 이름 석 자 새겨 남기지 못한
석공石工 선조先祖의 한恨을 담고자
영혼을 담은 기예技藝로 자기만의 색色을 찾았으니
이름 하여 "피라밋 가족분묘 석재石材 틀"
변화에 맞게 분묘 틀을 창안하여 다듬어 놓고
자손만대 부귀영화를 빌고 있었다.

피라밋 석분묘石墳墓 에 안개꽃 피고
혼을 담지 않고는 엄두도 못 낼만 하다
네 개의 면으로 삼각 지붕을 다듬은 돌 집
벽면이 아담하고 포근하여 각광을 받을 만 하다

속 깊은 아내는 콩나물 다듬다 돌아서며
-그때나 지금이나 천한 신분, 이름 남겨 뭐 하겠소
 늘 먹는 밥 먹고 자식들 건강하면 뭘 더 바라겠소.

부처님 같은 말을 손에 담아 한참을 굴러 보았다.

일편단심, 고운마음으로 지켜온 이 직업
똑딱 똑딱!.
모진 세상 모서리 고르는 손 울림이
울 넘고 담 넘어
남강을 건너서
촉석루 용마루에 메아리친다.

*志學 : 15세

네가 죽어야 내가 산다

속병을 고치려면
우수雨水 전에 그 놈의 옆구리를
도래송곳으로 숭숭 구멍을 내고
흐르는 진한 피를 한껏 받아 먹으면
고질병도 고친다는 소문이 퍼지자
사람들은 하얀 물통을 지고
큰 산으로 높은 산으로 몰려 간다.

이쯤에서 그 말을 듣고 보니 그럴 듯하여
한몫 잡으러 따라 나선 길
어떤 이는 위암을 고쳤다 하고
또 어떤 이는 간암을 고쳤다 하고
작년에 한쪽 폐를 병원에서 버렸고
한 쪽으로 기울어진 삐딱한 생을 질질 끌며
따라나선 저 사내, 걸음이 걱정된다.

겨우내 시린 몸을 산새가 품어주고
낙엽이 덮어 주어 들숨만 부지한 고로쇠나무의
야윈 옆구리를 무선 전동 드라이브 송곳이
왱--왱!
터질 듯 소리를 내지르며
사정없이 파고 들자 산새가 엉엉 울었다

수십 개 물통을 몸이 기울도록 채우고 서서
사정한번 해보지도 못한 채 살기가 돋은 송곳 앞에
고로쇠나무는 속절없이 심장에 남은 피를
아낌없이 마구 쏟아내야 했다

새 봄이 오면 싹 틔어 잘 살아 보겠다는 일념은
산산조각 난 채 꺾인 절망이 산을 덮고
사람들은 그 피를 꿀꺽꿀꺽 숨차도록 마시며
떨고 있는 또 다른 고로쇠 몸에 송곳을 들이댄다.

몸이 한쪽으로 기운 사내는
어차피 네가 죽어야 내가 살 것이고
후일 내 죽어 너에게 피를 주기로 산을 오르며
산신령과 이미 약조했으니 슬퍼할 것 없다며
곰 발바닥 같은 쇠갈퀴로 몸 가죽을 삭삭 긁으면
할퀴는 곳마다 뜨거운 피를 내리거라

그래서 내 병 고치면, 네가 부처님으로 보일 테니
가로로 째진 가느다란 내 꼬리 눈으로 볼 때
더욱 얌전히 콸콸 내리 거라.
내 영혼이 흠뻑 젖어 들도록....

내 권리 ①

말만 들어도 한번 쯤
그 자리에 가고 싶어 마음이 충동질 하는
고관대작님들 선거 하는 날

동안에 골목골목 돌고 돌아 손발이 닳도록
비비고 고개 숙이며 잘하겠다고 큰소리 치고
다른 후보자를 비방하여 낙선시키고
안 할 소리 할 소리 다 내 뱉고
숙원사업 완전 해소하여 천국 같은 세상을
만들어 주겠노라, 나를 선택해라 하는 말

이제는 그 말 안 믿을 거네
선거, 이 나이에 한 두 번 한 것도 아니네만
내가 바란 것 하나도 안 되고, 오히려
당선되면 관료주의에 잡혀 어 험!. 하며
동네 주민들, 유권자들 돌아도 보지 않는
그런 투표 왜 하나 싶네

이제 다른 맘 일세
내가 죽을 때까지 속지는 않을 거니까.
나 없어도 아쉬워 하는 이 없고 세상은 피 한 방울
흘리지 않고 돌아 갈 것이 자명하니 나보고
찍어라!. 꾹 눌러 찍으라는 말 하지 말게나

일 잘 할 거라고 하여 꾹 눌러 찍었더니
밥만 먹으면 서로 보고 앉아 싸움만 일삼고
서민들 죽어도 나 알바 아니라는 심사 아니던가.
우리가 무노동 하면 댓가 없다고 외치면서
자기네들은 세비를 착착 받아가는 거
무노동 하면 세비를 깎아야 하지 않는가 말일세

올해 좋은 꿈 꿔서
나도 그 자리에 기필코 앉아볼까 하네

출세를 해라! ②

난 세상에 내 놓을 만한 게 없고
가진 것조차 변변찮아서
법을 만드는 고관대작님들에게
글 한자도, 말 한마디도
심지어 새참도 한 그릇 못해 주고
탈 없이 살고 있다

나를 대표 할 나랏님이 될 거라며
표 찍어라 해서 콕 찍었고
금간 땅 위에 살면서
세금 달라고 해서 줬다

바뀌고 바뀌어도
난 늘
그 자리에 있으며
바뀐 게 하나도 없다
그럼에도, 세상은
날더러 뭐하냐고
자꾸 나무란다.

나도 권리가 있을까
고로 내 원하지 않으면
세상의 일도 가만히 있으면
안될까

3부
시인의 날

시인의 날

친구가 아침 안개 툭툭 차며
저만치 가다가 되돌아와서는

"아– 참! 시인이 되었다고, 축하 하네"

그런데 시는 시인들만의 문자로
번역사가 없으면 해석을 못해
귀하게 구입한 시집을
들고만 있었던 일도 있다면서
통하는 것이 문잔데
콩깍지처럼 배배 꼬아서
한 가지도 뜻을 새겨 깨우치지 못한다고
쉽게 쓸 수 없냐며
내가 시인이 되었으면 쉽게 쓰겠다며
발끝으로 길바닥 모래를 쓸어낸다

이보 게 친구 길바닥을 쓸고 있는 나는
추억의 낙엽이 내 밥거리고
고독한 사람들의 세상살이도 간혹
여기서 위로를 만들어 내기도 한다면서
더러는 쓰레기통에 버림받은
구겨진 시의 몸짓들이 눈에 밟혀도
아무렇게나 버릴 수밖에 없었다고
스르르 돌려 느낌표를 준다

허허 참!, 내가 글쟁이가 맞긴 맞나보네
친구 보시게, 시가 별거든가
그냥 읽고 콩닥 한번
무슨 묘한 느낌이 오면
좋은 시라 하지 않든가
작은 샘에 많은 우물을 퍼내려니
내 머릿속이 풍선처럼
허허 비워져 한참을 기다려야
또 물이 고이니 그 일도 보통은 아니네만
그래도 품격을 핑계 삼아
빗자루 비행기를 타고 여행도 한다네.

꿈에라도 시詩구가 나를 깨우면
혼이 나간 강아지처럼 벌떡 일어나
산삼 뿌리를 발견한 기분으로
연필에 침 발라 꼬깃꼬깃 그린다네.

친구의 말을 쉬 넘기지 않으려고
쓴 시가 옹이가 있을까
콩깍지가 있을까
손으로 쓰다듬어 본다
살구꽃이 화사하게 핀 골목 길
손사래로 인사하는 친구 뒷모습에
'자네가 바로 시인이네'
뭉클, 가슴 한켠에
친구를 목청껏 불렀다

기다림

가을 하늘이 몹시 아픈가
솔솔 부는 바람이 벌겋게 열이 나고
누가 뭐라고 나무랐을까
아침에 하늘이 발밑까지 내려와
울어 제치는 가을걷이 고향 길

선들재 고갯마루에 서니
빈 하늘은 울음 딱 그치고
반짝 반짝한 태양은
물걸레로 닦아서 찬란한데
산 넘어 그대는 비가 온다고
문자 멧세지 보내왔다

그대에게 보낸 건 가을꽃 향기에
예쁨을 담고
보고픈 그리움을 가득 담은 바구니를
문자 배달하였는데
한번 보잔 말도 없네

저기, 저
거시기 닮은 산
도톰한 산 고개 하나만 넘으면
제비나무 꼭대기에서

팔색조가 집을 보는
그대 꽃잠 자는 방의 들창이 있건만
가을 단풍 산을 넘는데
멀기만 하고

스산한 갈바람만 산들산들
코끝에 머무는 텅 빈 마음인데
꽃향기 웃음 알알이 열린
환한 기별 언제 쯤 올런지....

낮잠을 아시나요

야간작업을 하려면
주간은 반드시 낮잠으로
저축해 두어야 하고
또 이어지는 야간 일을 할 것이라
세상에 지지 않으려고
숙명의 낮잠을 자는 날

아침 일찍 한 잎 벌어 보탠다고
아내는 일 나갔고
시끌벅적한 달걀장사들은
골목을 빼곡히 메우고 앉아
외친다.

"-달걀 사러 오이소 달걀
 -계란 사러 오이소 싱싱한 계란
 -계란이 왔습니다. 싱싱한 계란이 한판에
  삼천 원, 빨리 안 오면 가요!."
아!. 이 - 런, 박자나 좀 맞추면 좋으련만
낮잠 자기는 걸렀다

에라, 먹자 배가 불러야 잠이 오는 법
잠은 나중에 일이다
귀한 상념의 시간으로 가자

밥을 목으로 넘기면 꿀 떡 소리가 나는
이웃 아저씨 말씀이 푸짐해서
먹지 않고는 양반도 아니 될 것이고
졸장부가 되어 시상詩想도 안 떠오르고
잠도 오지 않을 것이다

그렇다, 내 생의 팔자 소간
밤잠 두고 낮잠을 자야 하는 운명을
말로 할 수 없고
곰곰 엎쳐서 수많은 상념에 젖어
동공을 돌리고 굴리고
떴다 감았다
잠은 멀리 가신 모양이다
참!. 그 낮잠 무섭다

뽕잎이 걸어 간 자리

자식 입에 밥 들어가는 거
마른논에 물드는 거
세상에서 제일보기 좋은 거라던 아버지
누에 마지막 잠, 뽕 챙기는 일도
다를 게 없다던 어머니

누에 이틀만 더 먹이면
고치 집을 짓는 것이 확실한데
이놈 고집이 어지간해야지요.
솔잎, 도토리 이파리도
무성한 콩잎도 이놈의 밥이 될 성싶은데
한사코 고개만 내 저으니

소나기 쏟아지듯 밤 낮 먹성에
뽕잎 모자라는 걸 어찌 아는지
남의 논 물꼬 내 논으로 돌리는 거
마지막 한 밥 잡힌 누에
뽕잎 모자라 슬쩍 하는 거
하늘도 못 말린다 했던가요.

등잔 밑이 어두워
가까운 뒷밭 하루치 뽕잎 아껴
비 오는 날 먹이려 했는데 밤새

허허 비었다.
가을 뽕 꼭대기 몇 잎
양심을 남겨 놓은 걸 군담은 했지만
수 십리 길 뽕잎 사러 가는 일도
내 한 걸음 더 걸어도
세상에 제일보기 좋은 일에
왕 소금을 칠 수 없다는 걸
뽕나무 거름 주며 알았지요.

섣달 그믐

어딘지 모른 길, 보는 이도 없는 낯선 길
고액권 지폐가 끝없이 널브러져
옆 돌아 볼 것 없이
날 듯 줍고 있었다.

어느 성군이 이런 행운을 뿌려 놓고
내 오길 기다렸나 그래
이제야, 금왕金王이 되었는데
세상일 안 될 게 없을 것이고
꿈에도 그리던 여행도 가고.
팔자가 이렇게 쉽게 풀릴 때도 있구나 그래
그 참!.

세상을 살며 내가 행운을 잡을 일이
아무리 생각해 봐도 없는데

헤 헤!.
아이고, 차가워!.
아내가 젖은 빨래 탈탈 털며
엎드려 자는 내 황금의 꿈을
자세 바로 해 자라고 얼음 손으로
가슴을 더듬어 깨웠다

아파트고 왕이고 뭐고 말짱 황이다
잠깐 사이 다시는 맛 볼 수 없는
행복함을 느끼는 순간을 일시에 날리고
깬 잠, 다시 몸의 방향 돌려 맞춰 봐도
오지 않는 행운의 꿈

겨우 늦잠 들자
또 뭘 잘못 했는지
혼줄 나게 쫓기는 꿈 덕분에
덕德도 없고, 행복도 없는 일에
뭘 하는지 영문도 모른 일을 하면서
한해가 다가도록 쫓기기 엄청 바쁜데
선달 그믐 허황한 꿈을 꾸고 보니
한해가 또 험난할 것 같다

그럼 그렇지
매를 죽도록 맞는 꿈이거나
쫓기는 꿈이 내게 꼭 맞다
선달 그믐 밤이 너무 야속해

하–아
야속해도 좋다
한번 더 안 될까

꿈이여 다시 한번!....

병동의 노래

새까만 태양이 서슴없이 걸어간
불혹을 막 지난 듯, 검은 얼굴의 사내가
병동 복도에서 옥타브를 한껏 높여
꼬질꼬질한 인생을 구성지게 읊는다.

한쪽 수족은 포기라도 한 건지
약효가 없는 건지
몸뚱이 날개 반 접힌 채
기운 몸 기우러진 의자에서
보이는 건 반쪽만 보고
정처 없는 노래가 복도를 구르며
음율 없는 곡조에 풍치를 더하여

어눌한 혓 발음에
"오느도 거느다 마느 저처 엇느 이 바기
지나 오 자주 마다 누무 고이 네.
.짜자자자 잣 짜"
잘한다..쿵- 짜자자자-짝, 간병 아줌마
간호사는 자꾸만 걸어야 된다 하고
병실에선 시끄럽다 하고

성한 몸 반쪽에 기운 생을 얹어
밀대 걸레 끌 듯 삐딱한 걸음을

쓸어 질 듯 끌고 가는 게 신통하고 용타싶은데
반쪽 접힌 날개로
서쪽으로 서쪽으로
기울어 기울어
"한이 없어라"
툭 터질 것도 같은데
참!…

맘 같아서는
심장 피가 양수기 물 솟듯 하면
예전 감각도 돌아오고
기울기가 반듯할 것 같은데
안타까움에 손톱만 물어 뜯었다

고향 가는 길

유월, 수양버들 늘어진 고향 길
토끼 노루 전용 길을 빌려서
황토 길 혼자 걸어서 간다

지름길 맨들맨들 아스팔트 제쳐두고
초등학교 일학년 소풍 다닌 길
굽이굽이 황토 삼 십리 길
열 두 산모퉁이 돌아 돌아
돌복숭에게 영농후계자처럼 인사를 하고
도깨비 바위에 눈 맞추며
늙은 고향 길을 간다.

젊은 청춘들은
매연이 하품하는 도회지를 찾아
더 잘살아 보겠다며
이 길 따라 떠났고
개울 건너 묵정밭 허수 형님은
보릿대 모자 삐딱하게 쓴 것이
참새와 친구 되어 같이 논지 오래인 것 같고
세 번이나 변한 개천이 부끄러워
부처님 전 공양하는 마음으로 가면서
망개나무에게 안부를 물었네.

개구쟁이 쪼무래기들 앵두 빛 알몸으로
첨벙첨벙 목욕하며 가재 잡던 곳을 지나
옆집 소달구지 찌그덩 덜커덩
개울 길을 건너던
부잣집 자가용이
먼지 폴폴 날리며 간, 이 길에서
책 보따리 달구지에 싣고
슬그머니 엉덩이 부치면
짚신 신은 항소 큰 눈으로
힐끔힐끔 경고했다.
고향 찾은 발걸음
녹음기 풀어 듣듯 늙은 이야기를
혼자 궁시렁거리며
황토길 타박타박
숙연한 그 시절로 가고 있었다

김장 하는 날

품삯 없는 묵묵한 아내의 집안 일
돕겠다며 말만하고 항상 게으름이 앞선다.
추워지기 전 김장을
화단에 묻어야 한다고
따끈한 아침잠 비로 싹싹 쓸고는
배추밭으로 내 몬다

수라상 받는 절차에서
직접 생산적 절차로 이행되는
실천하는 가사 일에
전업주부로 나서라는 호들갑이
사나이 지조를 잠시 꺾는다.
하-아!. 오늘은 아내보다 한 등급 낮다

해봐야 알 일이든가
따라나선 배추밭, 짧은 콤파스 걸음을 동당거려도
추진력 없고 쪼그려 앉아 하는 일
더욱 아니라, 적성검사 다시 해야 될 일이다

불도저 힘 소용 없는 손 놀림이라지만
내가 하기엔 수월한 일 아니고
덤벙 덤벙 무작배기 선머슴 손은
배추 이파리만 부수고

손 시려 발 시려 입 밖에도 못낸 아침일

생강 마늘 고춧가루
멸치젓갈 육손으로 비벼서
손등 활활 불꽃 일어 내손이 아니고
홀떡 집에 불을 내고 말았는데
하– 아!. 오늘 밤잠이 걱정이다
내 게으름에 매운 앙갚음이던가.
아내의 가사노동, 일 같잖아 하다가
오늘 김장일로 김치가 예사로 보이지 않으니
먹을 수 있을까 겁이 난다
이제 가장家長의 권위을 김칫독 밑에 묻기로 결심

금실 좋게 마마님으로 부르며
손 꼭 잡고 위로했는데 효과 없었고
아니나 다를까, 게으름을 벌칙 준다면서 일부러
주부의 고단함을 새겨보라고
가혹한 징벌을 부과 했던 것이다

밤이 이슥하도록 아내의 다리에 오일 맛 사지하며
월 급여 계약을 체결했다

고향 장터에서

고향 오일장은 촌로들의 잔칫날
농부의 까만 입술은 자식들 혼사 맺을 소문으로
떠들썩한 장바닥은 부모가 중매꾼이었습니다.

순박한 정이 넘치는 고향 장터는
냄새나는 거름 손이지만 따뜻하고 푸짐한 인심으로
막걸리 한 사발에 서로 오가는 정이
장날 기본메뉴로 쾌락이 넘쳤습니다.
취기가 돌면 그만 사돈으로 호칭
말빚을 되돌릴 수 없어
누나도 그렇게 인연을 맺었습니다.

그 때 오가는
혼수품은 체면 유지에 쓰이고
인격의 바탕은 숨겨야 미덕인 시절이었지요.
옛 혼사일 쉽고도 어려운 점이 있지만
왁자지껄한 오일장에는 우리의 애환이 있었습니다.

닷새마다 농부들의 목 먼지 씻는 주막집도
곳곳에서 앞 뒤 없이 쏟아지는 육자배기 노랫소리도
만물장수 대장간 요란함도
엿장수 삼베 찾는 가윗소리도
고향 오일장의 동맥이었습니다.

활弓처럼 흰 허리
인심이 푸짐한 속곳바지에 엉덩이 반은 내어 놓고
헐렁한 저고리에 늘어진 젖가슴을 출렁이며
던지듯 돼지뚝배기에 밥을 말아주던 할매의
욕지거리 구수한 정감도
장날에나 들었지요.

오랜만에 찾은 고향의 늙은 장터는
정겹고 왁자지껄한 그 때의 풍성함은 온데 간데 없고
찢어진 비닐조각들만 장터를 거닐며 떠들고 있었고
텃밭에는 빗줄기 같은 수숫대가
돼지 국밥집 추녀를 받들며 정막을 토하고
석가래 낙숫물이 메아리 되어
석양을 홀연히 내려놓았습니다.

사랑이 완성 되던 날

황금 빛 가을 들판
삼삼한 눈부신 가을 들길을 걷노라면
수줍은 하얀 들국화 여인들
국화 향취 염색 된 이슬 면사포를 쓰고
한들한들 나를 반깁니다.

들국화 쓸어안고, 홀로 문득
그때, 가을에 떠난 들국화 그대를 그리워하다
밀려오는 설움에 복받쳐
슬픈 울음 가슴에 한 아름 안고
눈을 감고 앉았습니다.

들국화 그대가 어느 날
꽃 속에 시나브로 들락거리며
가르쳐준 아름다움이
텅 빈 내 가슴에 각인되어 남았고
이제 각인된 그대가 보고 싶어
쓸쓸함을 그렸고
그리움을 그렸고
보고픔을 그렸는데
필시 어머니였습니다.

대둔산 단풍 계곡에서

이별의 아픔은
날이 가면 잊어지고 세월가면 추억이라고
단풍잎 손으로 입술을 만져주던 그대
보고 싶음은 시간에 묻어간다고
인생사 다 마음먹기에 달렸다던 그대

세월가고 시간이 흘러 잊고 지내는지
한번 쯤 그 때를 생각해 보는지요
난 잠시도 잊혀 지지 않아 계곡물에 씻어도
보고 싶은 이 무거운 그리움을 어떤 색으로
기별을 전해야 그대가 알까요.
그대의 가냘픈 가슴 떨리는 깊은 사랑이 그리워
하얀 밤에 먹먹한 눈을 앞에 두고
갈바람을 부여잡고 토로하지만
사랑의 이별이 얼마나 아픈 건지
예전에는 몰랐습니다.

만남이 동강나고 사랑도 동강나고
어설픈 이별이 남긴 마음의 상처는
더욱 가슴깊이 그리움으로 쌓이고 쌓여
지워지지 않습니다.

그때 그 사람
들국화 향기
들국화 향기는 울지 않았습니다.

부모마음 석양에 타고

오후 6시 TV는 내 고향 소식 싣고
찰박찰박 차지게 브라운관을 탄다
희끗희끗 파뿌리 동갑내기 부부노래가 구슬프다
"한 많은 대동강아 변함없이 잘 있느냐!..."
내 퇴근 갈아입는 옷깃을 여민다

인생의 뒤안길에서, 별안간
외로움이 방안 가득 밀려오는 까닭은
무슨 연유일까
생을 팽이같이 돌리고 돌려쓰고는
두들겨 맞은 듯 안 아픈 곳이 없는데
저녁 밥상 앞에 두고 "옆집 누구 죽었대.
당신도 스무 살 아니니 일을 해도 요령 있게 하라"는
아내 말에 뜬 구름 잡는 쓸데 없는 마음으로
허허 해진다

TV속 그 중년부부, 황혼의 사랑이
저녁놀 따라 톡톡 튀며 참깨 볶는 사랑을 하는데
왱왱 땡 벌 같은 자식들은
큰 몸집에 고집도 크니 잘 휘지도 않는 걸 보니
품에 있을 때 자식이라 했던가.
낳아 삼신께 빌고 밤낮 진자리 갈아 뉘면
다 되는 줄 알았는데

이제 큰일이 앞 다투어 오는 것도 근심이다

부모 돼 봐야 부모 맘 아는 것을
실낱만큼이라도 일찍 알았으면
바삐 가신 부모님 한 번 더 불러 볼 걸
불효막심함 깨우치는데 육십 년이나 걸렸으니
몸뚱이 여기저기 아파도 마땅하다

암,
자식 어찌 나무랄까

등산길에서

꽃샘바람이
봄기운에 한발빼기 싫어 숲속 오솔길에 앉아
오기를 품고 있는 걸 보고
길섶 버드나무가 파란 새싹 팔 내어
자리를 양보하라고 종용하면서
봄을 점검한다

등산길목에 콧등이 시린 매서운 바람에
봄잠을 자다가 놀라 깬 멈칫 멈칫한 개구리의
어정쩡한 눈을 보고 경칩이 용서를 빈다
참!. 봄은 힘도 없고 게으르다

올망졸망 마음부터 앞서는 등산길
홍시 감도 쉬어가며 먹으라 했는데
세상일 그리 바쁘게 서둘지 않아도
봄바람 불면 얼음 녹 듯 내 문학 질서가
새로 서고, 순리를 거스르지 않으면
내 시詩가 끓어 넘는 일 없을 터이니

내 바쁠 것도 없는데
서두른 개구리 같은 마음으로
오도 방정을 뜬 바쁜 하루에
봄 멸치 젓갈 익어가는

구수한 봄볕을
물끄러미 쳐다본다.

발렌타인데이

참! 이상하다, 입이 그런 날을
용케도 어찌 아는지
무슨 구실을 핑계 삼아 만든 날인지 원!.
신통하게, 들먹거리지 않아도
궁금이가 목젖을 간질거려 입술을 산새 부리같이
뾰족 내밀며 차르르 쩝쩝한다

저녁 잘 먹은 아내가
거짓말하고 빰맞은 얼굴로 나를 째려보는 것이
예사롭지 않은 걸 보니
뭔가 잘못한 게 있어서 따지려나 했는데
빤히 보고 있다 빈 밥상을 물리며
참! 내……
"남자가 여자에게 초콜릿을 선물하는 날이
오늘이랬지. 아마." 하면서 눈을 힐끗 흘린다.

아무래도 심상치 않아 기분이 영!
초콜릿은 어디서 살 수 있냐고 스르르 말을 흘리자
아내는 "담배는 어디서 살 수 있나" 고 되받아
눈을 찔끈 감아 버렸다. 등신같이

아내는 땡감 베어 문 찌그러진 눈으로
뽕나무 가지를 베면

갑갑해서 빨리 싹을 틔우는 밑 둥 만도 못하다며
믿고 살아 온 시간이 아깝다며 쯧쯧
혀 차는 소리에
물이 목을 넘지 못하고 또글또글 발등위에 구른다

내 이때 까지 더부살이를 살았는지
말을 들어나 봤나 먹어를 봤나
초콜릿 인물도 모른다며 내 뱉으려다
느지막한 나이에 입장 난처한 일 생길까 싶어
사주면 되지 했는데
아내는 한 술 더 떠서
요즈음은 시대가 바뀌었다면서
변화에 따라 초콜릿이 아니라
삼겹살 먹는 날이라나 뭐라나

저녁 잘 먹고
허--허
참! 내
구실도 많은 하루해 넘기기가 원,

나도 오래 살고 싶은데

밤 낮 도심 복판 나지막한 선학산*에
세상 근심 한 짐씩 지고
오래 살고 싶어 산책 하는 사람들로
산이 울린다.

평지도 매우 힘들 걸음인데
찌든 오랜 병상흔적의 젊은 새댁의 안색
얼마 남지 않은 생의 끄나풀을 죽어라 당겨와
남은여생에 늘려 보태려는 애절함을 보고
산이 들숨 날숨으로 펑펑 기운다.

개똥밭에 굴러도 이승이라 했거늘
하여, 아름다운 이승을 엮어가는 발걸음들
지팡이를 들어보지 않고는 지팡이 신세를 모를 일
기우러진 몸들이
개미떼 장날 같은 발길로 선학산을 오른다.

모든 세상사 일이 퍽 좋고 나쁜 게 있던가.
현재를 행복하게 살아야 한다며 떠들썩한 길
타닥타닥 작은 발 내딛는 산책로 가로등 불빛이
스멀스멀 드러눕는다.

이제 가만히 챙겨보자, 조물주가 정해 놓은 날이

약속하지 않았기에 거부할 수 없는 날이고
미련 둘 것 없이 자리를 비워야
자식들 앉을 수 있으니

말없이
탈 잡지 말고 조용히
물려주자....

*선학산: 진주시내 소재 야산공원

높고 넓은 것

찌르레기가 낮잠을 모으는 하지(夏至)
이마 땀이 쫓기듯 살갗을 비집는다.

아침부터 주태백이 불혹 막내아들은
돈 안준다고 팔순 오매를 바지게 작대기로
팔 다리를 도리깨 밀 타작 하듯 패서
시퍼렇게 멍들어 놓고 뒤집어져 잔다.
오매는 절뚝이며 늘어진 몸을 작대기에 의지하여
찢어진 옷을 입은 채 두꺼비 기듯 기어서
감자 캐는 내게 다가와서는
"점심 한 끼 달라, 오늘은 식은 밥도 없네!."

오매!. 팔 다리가 왜 그래요 지금 멍도 많이 들고
병원부터 가자고 다그치니
– 마루를 내려오다 넘어졌다 아이가
그래서 밥을 못하겠네.–

아니!.
남들에게 자식 따돌림 당하지나 않을까 염려하며
–아무 소리마라 남이 알면 안된다카이–

술 취해 골목 감나무 밑에 자고 있는
아들에게 국수 그릇을 들고 간다

이 세상 아들들아
뭐시 그렇게 대단하노.....
그 높고 넓은
그늘에서 컸다고
아우성치는
하지夏至 감자 좀 봐라

유혹을 뿌리친 장사壯士

부모로부터 받은 유산, 이 한 몸을 네가 허가 없이
내게 다가와 온갖 술수를 쓰며
에스라인 몸을 살래살래 흔들며 현혹에 빠트리고
아양과 아첨으로 날 꾀어 죽마고우 된지도
어언 사십 년을 넘기며 내 옆지기로 살아 온 너

밥과 술은 내 생에 중요한 위치를 접하지 않지만
너 없는 세상은 도깨비가 보이고
자다가도 놀란 토끼처럼 일어나
살며시 손으로 더듬어 너를 껴안고
향기를 맡아야 꿀잠이 오는 뜨거운 네 몸은
나의 일부였느니라

너의 몸 향기는
이 세상 무엇과도 바꿀 수 없지만
그러나
내 너무 너와 가까이 한 로맨스의 결과로
아내는 불륜이라며 엄청난 오해에 오늘 날까지
시달렸느니라.
이 위기를 모면하기 위해 국면을 전환 해야겠기에
독한 결심을 하였느니라.
알아듣겠느냐 이 발칙한!

아내는 파혼하라고 성화를 부리지만
그 놈의 오랜 정에 사르르 예쁜 미소 지으며
'아내하고는 함께 땅속까지 못가지만
나는 땅속까지 함께 가지 않느냐' 고
생긋생긋 웃는 너 앞에서
차갑게 홱 돌아서지 못하고 전전긍긍 했느니라

그러나 오늘은 사나이 맹세로
이행위반 범칙금을 물기로 굳게 결심하고
너와 맺은 달콤한 언약과 약속을
일방적으로 파기하느라, 알겠느냐. 배순아
울지 말거라
내가 마음이 약해질라 근심 되느니라
하 –아!. 너 떠나보낸 지
사흘도 지나지 않아 그리워서
밥맛도 없고 잠도 오지 않을 뿐만 아니라
손발이 저려오고 떨리며
도깨비가 보이고 네가 너무나 보고 싶어
숨이 막혀 죽는 줄 알았느니라

어제 밤 꿈에서도 너는 야릇한 눈길을 주며
그 배시시한 웃음으로 내게
숨 가쁘게 달려 왔느니라 그래도

기어코 오늘은
오늘만은 안되느니라!

네가 너무 보고 싶어 사나이 맹세고 뭐고
다 방구석에 처박고 길을 나섰는데
집 앞 골목길에서 바람에 나부끼는
하얀 천사 옷자락을 보고
가슴이 아려와 살며시 보듬어 주려했더니
너와 파혼했다고 엄청 꾸짖으며
하수구 구멍으로
휙, 가버리더라
야속한 배순이, 무정한 엣세

언제 만날 날이 있을까
하얀 옷 에스라인, 아롱아롱한 천사여
그대 이름은 아름다운 엣세
엣세여
엣세여, 내 눈물을 머금고 보내노니
잘 가거라!

후렴 "밥 달라 응석 부리지 않는데 옆에 둘 걸!"

4부
농자천하지대본

농자천하지대본農者天下之大本

하천변에 돌체 논 두마지기
명의가 수십 번 바뀐
할아버지 새 살림 날 때 물려받은 논이다

왜놈의 소드락질*에 맞서 끝장을 봐도
배고파서 이웃집 담 넘을 수 없던 시절
말 빨 깨나 섰던 논, 이런 논은
인격까지 대표하는
하천변을 끼고 있는 물 좋은 돌체 논이다

가뭄이 심하여 봉답* 논 모내기가 늦으면
위로삼아 했던 말
모심지 솔 심을까 보냐며
돌체 논을 지나가곤 했는데.
요즈음 그런 논에 솔 심는다.

애옥살이* 한 서린 배고픔도
엊그제 같은데, 이제
쌀을 얼마든지 준다는 이 있다니까
물 좋은 돌체 논도, 문전옥답 생명 답畓도
자운영이 양탄자 깔고 논다

조용히....

쉬! 쉬!
앞산 할아버지 아실라

* 소드락질: 남의 재물을 빼앗아가는 것

* 봉답: 비가 오지 않으면 전혀 농작물을 심을 수 없는 논 (일명 천수답)

* 애옥살이: 고생스런 가난의 쪼들림

경쟁자

새파란 청춘에, 인물이 출중하고
가냘픈 몸매로
예쁘게 살래 살래 몸을 꼬면서
내게 반길 땐 무엇과도 견줄 수 없는데
아니, 이런 걸 좋아하는 이가
나 말고 또 있었다

나와 경쟁자다

파당파당 싱싱한 엉덩이를
내어주는 배추이파리
약 안치고 곱게 키워 김장을 할랬더니
동네방네 조직 껄렁패 다 모아
사랑의 꼭지 점에 이 여린 것을
한나절 시끌벅적 달라붙어
아예 잔치를 벌려놓고는
시치미 뚝 뗀다
요것들이 겨울 준비 한답시고
계촌計寸 족벌들이 다 모여
배추밭 스무 평을 몽땅
아낙네 머리 파마하듯
이파리를 쥐어뜯고 오그려 부쳐
한 잎도 남지 않을 게 뻔하다

개구리도 우산삼아 비 피해 놀고
진딧물, 나방, 땅강아지, 메뚜기, 달팽이
먹기 대회를 벌려 이파리를 전부 모기장을 만들어
아내 여름 팬티 같다

그나마
남은 건 이웃 논에서 뿌린 농약 덕분에
이파리 몇 단풍 되어 남았는데
거기서도 서로 살겠다며
배추 잎 숭숭 구멍 따라
재빨리 지하로 피신
헤집어 이 잡듯 잡아가자
두 눈 껌벅껌벅 장난하지 말라나
낮엔 땅속에서, 야간엔 오렌지족으로 산다며
두 손잡고 화해 하자네

하 – 하,
참 내 !
요것들 보소
농사 아무나 하는 일 아니라는 거 알지만
나 말고 유기농산물 좋아하고
부드러운 푸른 청춘 좋아 하는 이
또 얼마든지 있다는 걸
나만 몰랐네....

자벌레의 하루

젖은 풀잎을 재다가
이슬에 몸이 묶이자
자두가 큰 눈으로 나무라는데
토실토실한 금빛 햇살에 몸을 말리고는
얼른 자두에게 다가서서
꼬물꼬물 속삭이는 아침나절.

건너 솔가지에서 세상을 내려다보는
딱따구리 저 눈초리에
나는 참새같이 시끄럽게 동당거리고
가슴이 콩닥콩닥 짱둥어처럼 뛰어도
아주까리 눈으로
훑어 볼 수 밖에 없는
나의 존재를 너에게 묻고 싶구나

네 하는 일이
먹고 자는 일일진대
너의 생이 얼마치가 남았는지
딱따구리와 고까짓 거리를
예상 못하는
고작 그런 잣대이더냐

깐작깐작 다가가
위태위태한 너를
요상한 세상에서 건져내야 하는데
보다시피 내 발목이 썩은 나뭇가지만도 못해
작대기만 휘휘 젔는다
하--아!
아뿔사
네가 가물가물한 새털구름 사이로
딱따구리 형제 따라 날아간 하늘에
나를 비춰보누나

은혜를 받던 날

겨울 첫 손님의 추위가
색시가 방석에 앉듯
눈을 폭삭하게 깔고 앉는다.
놀란 삽살개의 앙칼진 소리같이
흩날리는 추위에
따끈따끈 달군 잉걸불이 오늘따라 그립다

언제부턴가 첫 눈 오면
느릅나무 껍데기
위암에 좋다고, 어떤 이는
뿌리까지 파내 갔고

뒤란 고추 밭두렁에 부스럼에 좋다하여
각시처럼 보듬던 느릅나무를
춥다고 짚단으로 덮어 주곤 했는데
밤새 창녀처럼 싸거리 벗겨진 채
허연 알몸을 드러내고
훌쩍훌쩍 울고 있지 않은가

그 추위에 한쪽 수족을
위암에 빼앗기고도
용케 한설을 버티고 서 있는 게
안타까워서

스님이 옥동자 보듬듯 보듬었더니
요것이 이럴 땐, 나만 보면
아버지라고 부르는데
아직 수족에 온기가 충만하니
내년 봄에 보자며 등을 다독이자
찌그러지진 입으로 빙긋이 웃는 게
엿장수 형님 같았다

만병통치약

초상집을 다녀온 이튿날 아침
열 놈이 잡아당기는지
이불에 등짝이 달라붙어 끙끙대다가
아침 밥 짓는 냄새에
겨우 일어나 소죽을 끓이는데
솔가지 타닥타닥 타는 불 앞에
바닥에 퍼질고 앉아 무릎을 찜질하자
찔찔 오줌이 찔끔거린다.

무릎 관절, 신경통이 합동작전에 돌입했는지
욱신욱신 갈가마귀 떼처럼 울어
홧김에 시끄러움을 충격요법으로
바위를 차보지만 발가락만 통곡하고
겨우 화장실 가는 무릎인데
영 아니다싶어
이름 있는 조약에 신세를 졌지만
아픔은 팽당그르르 돌아앉아
나을 기미는 함흥차사고
아픔이 관절을 긁다가 싫증나면
한번 봐 줄려나 했건만
어림 반 푼어치도 없는 기대를 한다고
동반생존에 무슨 소리냐며 야단을 치는데
아내는 초상집 잡귀를 쫓아야 겠다며

"돌로 다스리는 집 돌로 다스리고
나무로 다스리는 집 나무로 다스리니
탈 잡지 말라"며 빌고 빌어 부정을 내 몰지만
들은 척도 않고

한참 후, 식도食刀 등으로 머리 정수리를
빡빡 눌러 잡귀 쫓던 방식이
시골에는 먹혀든, 이를테면
만병통치약으로 다스리는 비법인데
오늘 아내의 술법이
신통한걸 보면 통했나 싶다

귀농歸農의 꿈

황토 집을 움막처럼 짓는 게 귀농의 꿈이라
아스팔트에 개미떼 장날 같은
도시의 세간살이를 한 장 접고
귀촌은 산이 구름을 부르고
실안개위에 몸을 뉘는 아늑함
산 풀잎들이 떼 지어 시장가고
산 노루 마중을 나오는
아름아름 풍경이 다가오는 곳

그 곳이 좋아서 귀촌을 했는데
옛말에 "등에 지는 짐을 떠나면 성공이고
귀촌하면 실패"라는 참봉영감 비아냥거림에
댓 낱되는 턱수염이
몰래 이는 실바람에도 살래살래 흔들리며
욕깨나 하고, 콧등 주름 실쭉거림이
아카시아 가시 같은 내 자존심을
유리 조각으로 깎지만
인간사 둥근 게 좋아서 호박처럼 웃었지요

바늘로 손끝을 찔러도
부지깽이로 점괘를 봐도
내 뒷꼭지에 대 놓고 욕을 해도
고향 흙냄새가 좋아서

풀잎 이슬에 황혼의 꿈을 심겠다고 귀촌 했다며

도시의 우럭우럭 끓는 배 안고
참봉영감 문안 인사 가면
할배 내 쫓을까…

어머니 말씀

경첩, 감자 씨눈 바지게에 지고
쟁기 써레질로 봄바람을 갈아엎는 농번기
송장도 꿈틀거리며 일손 거든다는 농사철에
오늘따라 손님 올 거라고 어머닌 바쁘시다

며칠 전부터 어머니는 기미를 봤는지
한낮에 뒷마당에 싸리 광주리 엎어놓고
정화수 올려 빌고 빈다.
오늘이 확실한지 동당걸음으로
온溫 수건으로 젖통을 닦는 게 심상찮다

일철에 산통이라!
초산인 어미 소는
시커먼 몽돌 같은 큰 눈알에 쌍불 켜고
뱃속 놈은 앞발에 주둥이 포개 내밀고는
막심을 써도 고집을 부리며
한나절을 버티는 걸 보고는
어머니가 산통을 겪으며 애태운다.

꿈틀꿈틀 뒷동산만한 배를 흔들며
더 힘써 보겠다는 심경으로
엉덩이 어머니 앞에 비비적거리며 돌아
콧바람 훽훽 불며 앞발로 땅을 툭툭 치는데

난 벌벌 사시나무 떨듯 했다

땅 꺼져라
한 번에 소똥까지
철버덕! 추루루
머리 털털 털고 나온 저
어! 야-- 야
욕봤다!. 참 말로 욕 봤다이

송송 이마 땀 훔친 어머니
당신이 송아지 나으시고는
혼전 선머슴아는 보는 게 아인데
그래, 본건 잘 봤다, 여자심정 알아야
후에 아내에게 잘 하는기라.
얼매나 힘드노, 봤재!

그래 봐라! 장가가면 잘 해라
대나무가지로 정화수 사방을 뿌리며
소도 삼신 할매가 있는지라 빌어야 한다며
"삼신 할매 고맙십니더" 연방 허리 반 접어
골목으로 잡귀를 몰고 나가신다.

예나 지금이나

산방産房에 들 때는
신발 끝 돌리고 든다는 거
어머니 말씀 듣고 알았다
“욕 봤다이, 새끼 곱다”
어머니 치성에 어미 소 등에는 땀이 흐르고
호박을 삶은 여물을 맛있게 먹는다

어머닌
너 낳을 때도 똑 같았다 아이가
사내들도 한번쯤 겪어봐야 하는 긴데.
그게 인력으론 안되니 말이다. 참!

할머니
    어머니
        아내
            딸, 거룩한 천사

골목 살구나무 꽃잎
눈송이처럼 날린다

야 야!.
“천금 같은 내 새끼야!
냉배 앓을라, 이불 덮고 자거라이!”

오복(五福)을 수리하는 날

오복 중 하나가 고장이 나서
늘 한쪽 어깨가 기울고
마음도 한쪽으로만 사용하고 있으니
세간의 일이 어긋난다.

어디 마음뿐이겠는가
입 안이 감질나게, 돈 안 들어도 될 때
꼭 누가 시킨 듯이 치아가 탈을 내고 마는데
천 가지 만 가지 음식이 눈앞에 있어도
그림에 떡이 한두 번도 아니고
에라 !. 이걸, 고장 난 오복 하나를
이번엔 기필코 바로 세우리라

보조치를 잘 세워 놓은
치과의사는 물렁뼈나 생선회와
친하면 비싼 값 치른다고
당부를 할머니처럼 했는데
그 말 예사로 들었으니

인공 뼈를 보강한지 겨우 달포
잊고, 그 사이에 친구들과 회식를 하고
다시 찾은 치과
바위틈 속 미꾸라지 잡듯

입안을 훑어 본 치과의사는
말짱 꽁이라며
의사 말을 지독하게 듣지 않는다고
다시 보조치를 세워 주고는
황소 눈으로 흘겨보는 거였다

상놈이 되기 싫어
수염이 다섯 자라도 먹어야 양반이라
여행을 다녀온 늦은 저녁
허기를 때우려고 라면 반찬으로
꼬들꼬들 비비꼰 무말랭이 자반을
양반이 되고 싶어
전기 톱날처럼 와작와작
씹다가 인공뼈 보조치아가
웃으며 목 넘어갔다

아내는 깜짝 놀라
"난 인플란트에 보조치를 둘러싸
네 개 복중 한 개를 보강해 오복이 되었다고
복도 잘만하면 보강될 수 있다" 며
와작와작 무말랭이를 씹으며
약을 올리는데
"당신이 소개한 칫과는

기술이 모자란다."고 옥타브를 높혀 원망 하자

아내는 또 면박을 주는데
"법대를 나왔다고 다 법관이 되느냐" 고
버럭 고추장 그릇에 숟가락을 처박으며
훑어보는 칡 넝쿨 같은 눈초리에 주눅이 들어
참새 눈으로
흘겨보다가 입 작크를 닫았다

순 리

아무리 바빠도 계절은
절후 따라 어김없이 와서
싹틔우고 열매 맺는 일을
순서 어기지 않고
한 계단도 뛰어 넘지 않는
자연의 법칙 앞에서

내 뭐가 그리도 바빴는지
계단을 뛰어 넘어왔음이 훤히 보인다.
낳기만 했지
훈육을 뛰어 넘은 일이
등짐이 될 줄이야

하지만 어찌 회피할 수 있겠는가
제각각의 뜻과 모양도 없는 걸 가지고
부모 앞에 내어 놓고 뜻을 굽히지 않는
자식들의 고집에
자식이기는 부모 없다는 거
늦게나마 알았으니 다행이지만

이제 군말 말고
열고 보나 닫고 보나
감춰도 다 보이는 내 부도덕함

모난 돌 정 맞듯
깎아서 둥글게
새로 시작할 때가 되었다

쓸데없이 자존심 모서리를
구지뽕 가시처럼 세웠다마는
부질없는 네모를
몽돌처럼 스스로 갈고 닦아서
가르침의 순리에 맞추리라

흙이 운다

장인어른 이제 농사일은 그만 하시지요.
지체장애로 부대끼며 걸어 온 팔 십 육년 고목
"뭐라꼬
너는 쌀 아이고 흙 먹고 살았나.
망할 놈들!..."

언론보도를 들으신 모양이다
오직 한길인 농사꾼 마음을
하늘도 두려워 한 곧은 순수함이
삐그덕 삐그덕 한숨소리가 난다

자유무역 협정으로 온 나라가
거품 머금은 생채기들로 가득 차고
나락 이삭들은 반란을 일으켜
시청 앞 광장으로 광장으로
아스팔트 길로 모여들어
콘크리트 바닥위에 텐트를 치고
생을 달라며 땅을 치며 통곡하는 소리
저 가슴에 누가 못을 박았나
농자천하지대본農者天下之大本인데
빨간 원초적 생을 누가 저렇게
내 던졌다 말인가

마굿간 농사꾼 누렁이는
경운기가 대신하니
먹고 땡 대학생 이다
문전옥답은 산이 내려와 놀고
힘이 부대낀 팔 다리로 걸어온
농심, 그 한 길을 고집 한다

팔십 생전 배운 건 등짐기술 하나뿐
순수함이 바보처럼 보였는지
경쟁마당으로 내몰리는 순간
하늘을 원망하며
송아지가 어미 찾는 마음같이
주저앉아야 하다니

최초의 이 땅 주인은
순수한 농심 그들이 아니던가.
조상대대 이어 온 땅에 뼈를 빌고 살을 빌어
지심을 천심으로 받들고 살았는데
죽음과도 바꿀 수 없는 농사일을
이제 그만하시라 말리자
팔 십 육년 고목은
논두렁에 괭이 꼽고
가슴으로 흐느낀다.

전쟁과 평화

내 사무실 뒤
단풍나무에 까치 한 마리
뒤집어지도록 외치고 있었지요.
며칠 전 까치집을 침입, 종족을 아예
한꺼번에 업고 가려다가
혼이 난 고양이에게
엄중경고를 하고 있었습니다.

나무 밑에 고양이는
이름표를 달고 까치에게 외칩니다.
"계란을 한 바구니에 담지 마라"는
옛말을 당부하면서
발을 비비며 펄펄 뛰다가
재 빨리 나무위로 오릅니다.

그러자 까치는 땅으로 내려앉고
고양이가 내려오면
까치는 또 나무위로 날아 올랐습니다.
맘대로 안 되는지
고양이는 예쁜 걸음으로
담을 훽 넘어 갔지요

까치도 늘어졌던 고무줄이 당겨져 가듯
푸두둑 날아간 자리는 조용해졌습니다.
평화가 시작 되었습니다

단풍나무는 심심해
내게 손을 내밀었습니다.

풀 이파리 이사 가던 날

헉 헉 ----
삐거덕거리는 몸뚱이 바로 세우려고
식구들이 총 출동 한다.

녹슨 혈관 뚫어 주는 아침운동 길
뒷동산 다람쥐 산책길을
닭장 속 사람들은
비둘기 떼처럼 쏟아져 오른다.

둘렛길에 공공근로자인지 산림청 직원인지
사내들 몇, 산돼지처럼 굴굴 대며
전기 톱날을 왕왕 휘두르자
소나무는 순식간에 쓰러진다.
우직 끈
퍽---썩
산이 흔들리고 풀잎이 이사를 간다.
오십 년간 산책길을 지키며 땀을 흘렸는데
재선충에 시든 소나무는 많은 이야기를 남긴 채
자리를 떠나는 순간이다

사람이나 미물도 떠날 때는 말이 없고
산새들의 둥지도 순식간에 쓰러지고
쿠웨이트 물 한 모금에 쇠 톱날은 거침없이

무자비하게 팔을 휘둘렀고
내 피보다 진한 나무들의
하얀 피가 산을 덮는다.

한땐 송림松木 공원 만든다며
여러 수종을 심고 가꾼 울창한 숲들
송림 계획에 밀린 잡목은 숙음을
당하여 산을 내려갔고
저것들이 무너지는 산기슭에
송림松木들은 알몸으로 앓아눕고
나도 열꽃으로 몸살을 앓았다

변해가는 세상

이웃집 총각
작년 봄에 향기로운 꽃바람에
결혼하더니 세상의 또 한 경쟁자로
금 두꺼비 같은 아들을 봤는데
요 두꺼비 생글생글 웃으며
토실토실한 볕살 가득안고
골목길에 나왔는데
나를 보고 으아 울었다
뱀처럼 보였을까, 아니다
산돼지 같이 보였던 모양이다

어느 날 집 앞 골목길에서
식면이 없는 아이가 세발자전거에 앉아
발을 쭉쭉 밀며
내 퇴근길을 막고 서서
"아스크 사"하는데
따라 나온 할머니는
멍한 나를 보고
아이스크림을 사 달라는 말이란다.
겨우내 안 보던 사이
벌써 세상은 변하고 있었고
날보고 울지 않으니
이제 난 사람 되었다

5부 망부석

망부석

예쁜 집 지으면
하던 일 제쳐두고
옆에서 야릇한 눈길로
격조 높은 윙크에
꿈을 심겠다던 그대

서산의 지는 해를 묶어 둔지 오랜데도
밤은 어김없이 산을 넘어 오고
어둠을 바지게 작대기로 두들겨 패도
밥 먹고 하는 일에 간섭 하지마라며
먹물을 덮어 씌웠습니다.

말이 없는 외로운 산골에
보고픈 그대를 그리며
행복한 꿈을 심었으나 그 또한 그대 없으면
무슨 소용이 있겠는지요.
코스모스 핀 골목에서 떨리는 손끝으로
그대를 그리며 가슴 깊숙한 울음으로
불러 봅니다.

이 보고픔을
제비처럼 매무새 고운 계곡물이 흐르고
꽃이란 꽃은 다 피어 위로하지만

한번 목청껏 그대를 불러보는 것만 하겠는지요.

저 멀리 신작로 산모퉁이를 돌아
바쁜 걸음으로 오시나 싶어 눈을 뗄 수가 없지만
당신의 모습은 보이지 않고
오늘도 쓸쓸한 망부석이 되어
귀뚜라미가 들려주는 하모니카 소리에
잠이 듭니다.

돌아오지 않는 너(나이)

부르면 메아리로 대답하는 너
오랜 세월 함께 해 이제 외면하고픈 너
인간 세상을 함께 태어나
해를 넘기며 진정한 걸 가르쳐 주어 고맙고
네 덕으로 희망도 꿈도 슬픔도 행복도 늘 같이 하면서
부모와 이별하는 이유를 알았는데
부모를 잃었다고 대신 보내 준 귀중한 보물
잠시도 눈을 뗄 수 없고 깨물어 주고 싶은
새로 온 귀중한 내 분신들
채정이 은송이 태경이와 만남의 반가움도 알았다

나이!.
그 녀석이 이제 많이 아프니 세월도 아프고
세월이 아프니
나도 아프다

이제, 부르면 너의 대답은
희미한 메아리로 다가오고, 왠지 자꾸
외로움만 쌓이며 아름다운 추억도 서글픔이 되어
안개 타고 엄습해 오는 것 같다

내 생에 함께한 녀석이라
진정한 동반자라는 걸 알았지만

멀어지는 젊음의 꽃을 불러도 불러도
애타게 불러도
함께한 젊음 그 녀석은 못들은 척 말이 없고

내 앞에 있던 세상살이도
몸살 나게 그리워한 그대도 다
메아리로 남은
나 산골짝 외딴 집에서 산다.

사랑의 넋

봄도 모르고
꽃도 모르고
벌 나비도 모르고
세상일 모르고 사는 내 가슴에

집 떠나 자유로워지고 싶다던 그대가
얌전한 내게 한 걸음 한 걸음 다가와
풋내기 첫 사랑의 장작불을 피워
이제껏
빨갛게 활활 타고 있는데

깊은 사랑을 찾아 떠나면서
행복의 씨앗은 이제 심지 말자고 했지요
그럼 장난이었나요
지펴놓은 풋사랑의 불씨는
시간이 가면 꺼진다던 그 말
지금은 더 보고픈 그리움으로
활활 타 오르고 있습니다.

말없이 떠난 그대
봄이 오면 꽃바람 타고
아름다운 입술로 돌아오기를
꺼지지 않은 풋사랑 불씨로 남아
망부석이 되겠습니다.

결 심(決心)

비 오는 아침
방 뒷벽 봉창에
그림자처럼 서 있는 대나무
속 빈 수직의 강건한 고집으로
낮은 하늘 깔고 앉은
꼿꼿한 사대부 지조

텅 빈 가슴으로도
일생동안 푸름을 간직하고
수직 외길을 걸어 온 것은
사나이 지조를 꽉꽉 채우느라
속을 잠시 비워둔 것을 예사로 봤다

복조리 전에 빚을 내더라도
모래밭 혀 박고 죽더라도
사대부 지조 무너지지 않듯
떨리는 가슴 내려놓으며
내 서글픈 이별 앞에 울지 않는다

허허 속빈 대나무 가슴에
그대 사랑 꽉꽉 채워
사나이 지조
오래 오래 간직 하고파.

사랑은 거짓말

혹서기
무더위 햇살이 대문을 열고 다가온다.
심장이 뛰고 끓는다.
돌아서면 다가오는 먹고 또 먹는 일에
반갑잖은 땟거리가 걸어온다는 것인데
점심은 더위 먹은 국수를
고요한 맹물을 깨워 가스렌지에 얹고
슬픈 눈물이 흐르도록 들볶았다

아 아!
들볶이니 바른말 하는 국수를
삶다가 벽에 던져 찰싹 붙으면 순수한 온도로써
찬물에 헹구어도 불평하지 않고 술술
넘어간다는 걸 알았는데

내 약속한 사랑은 그리움을 말아
이토록 들볶아도 익을 줄 모르고
삶아 벽에 붙여도 대답은 늘 한 가지
사랑은 아픈 것
사랑은 슬픈 것
사랑은 거짓말
사랑은 이별인 것을
애태우며 가슴 터지도록 그립고 그리워서

덜 익은 국수가닥으로
밥상에 그대 얼굴 만드는데
국수 콧물 훔치는 데
왜, 내 눈물이 흐르나...

민달팽이의 짝사랑

이슬비 오는 야밤에
어쩌자고 알몸으로
여기까지 왔느냐

다른 눈길을 피해서
한밤에 내 침실까지 온건 잘 했다만
내가 그리도 좋더냐
식견이 있는 선인 같다고는 보지마라
그야말로 알맹이가 없는 빈 몸
벗은 거나 다름없어
너 하나 고이 받아 줄 수가 없구나

위험타 높이 든 너의 두 팔은
내 눈이 있어도 볼 수 있는 입장이 아니고
이곳에 거처를 두고 나와 살기를 원한다만
익은 취기(醉氣)에 등불 없는 이 거실은
나도 내 발을 믿지 않는다.
하여, 너를 생각해 한 발짝도 가려서 떼놓지 못한다.

너의 집으로 가거라, 밤을 이유로 야속타 말고
내 헤아리는 위험의 수준은
네가 염려하는 그 이상이니
이 비 그치면 책임 질 수 없고

우거진 어둠을 하나하나 사려가며
왔던 길 슬퍼말고 가거라
날 믿지 말고
보다시피 나도 남자라
언제 늑대 발톱을 낼지 모른다

내가 만든 고향 2

전원주택 집터를 준비하고

살아온 풋풋하지 못한 인생사 세상을
버리기라도 하듯
모아놓은 그리움 다 까치에게 주고
복잡한 살림은 미련 없이 참새에게 주고
여기 깊은 산중에 나무도 풀잎도
늘 한결같은 웃음으로 반겨주는 내가 만든 고향에
주름 찬 여정을 풀자

직장살림 물림하고
여기에 와서 비둘기 집을 지으니
낮에는 햇살이 속옷 까지 훤히 비추는 방이 있고
밤에는 달과 별의 놀이터
천왕산을 넘는 꽃바람도 자고 가게 이불을 편다

파랗고 빨간 세상에서 정신을 흩뿌려 놓고
스치는 바람에도 웃고 울고
뭘 하고 살았는지.....
이제 나무들의 가르침을 배우려고
이곳에 내 나머지여생을 심는다.

쉼 없는 손길로 심고 가꾸니 근면성이 열리고
아침 해가 오솔길을 걸어오면
내 발은 새파란 풀밭을 거닌다

하루해가 기울어 서산에 걸리면
난 다른 세상에서 꽃 같은 사랑을 읊는다

벌 나비가 지겹도록 꽃을 심고
이름 모른 나무를 심어
다른 세상사를 배우자
꽃은 날더러 풀잎에 이슬이 되라하고
열매는 포도 알같이 살라한다.

무궁화 꽃의 얼 3

세상에 최고인 내 님은
옷이 얇은 여름에 한층 아름답다고 가슴을 내 밀고
함부로 아무데서나 옷을 벗지 않은 그님을
진딧물이 왜놈처럼 달라붙어 쌀 내라 돈 내라 해도
굴함이 없이 굳세게 우리의 혼을 지킨 이 꽃을
천시하는 사람이 누구더냐 말일세

음식은 가리지 않고 알맞게 먹고
인간은 필시 누워야 할 곳에 다리를 뻗고
잠은 가려서 자는 것이거늘 누가 헛소리 하는가
어느 이웃에도 없는 따끔한 예의범절을
무궁화로부터 배우지 않았든가
정갈하고 청순하며 끈기 있는 민족의 상징으로
남에게 해를 끼치지 않으며
이웃을 먼저 생각하여 돕기를 좋아하고
도움을 받았으면 반드시 도움을 주는
숭고한 민족의 얼이 바로 그 무궁화 꽃이렸다.
하면, 이웃이 아프면 달려가
내 몸처럼 돌보고, 상부상조의 미덕으로 뭉쳐진
우리 얼굴을 상징하는 님
일본의 강점기 민족 말살 정책으로
한때 종말을 고할 뻔한 님이 아니던가.

그래서 정겨운 이웃이 되려면, 가면을 벗고
살아 온 흐름의 진리를 알아야 하고, 정직해야 하며
정점이 모호한 물 건너 저런 이웃이 아니라야 하는 것이야
이웃의 중요성을 모르고 자식들에게 까지 허구를
진실로 가장, 왜곡하여 가르치고
가만있는 남의 땅을 내 땅이라 우기고
순박하고 청순한 부녀자를 성노예로 삼은 일에
부끄럼을 모르고 후세에게 까지
위장된 뜻을 남기려 하는 것은
날카로운 부메랑을 던지는 것이니라.

징검다리 앞에서

아스라한 어릴 적
냇물을 들고 있는 돌 징검다리는
물속에서 꽁꽁 언 얼음에 몸을 빼앗긴 채
사람들을 기다리는 걸 봤는데

누구 한사람도 징검다리의 헌신을
말 하는 이 없었지만
물을 건너는 사람들을 위해
할아버지 같은 마음으로
책임을 다하고 있는 징검다리.

지은 죄 없이 물속에서
비가 오나 눈이 오나 오직 한결같은 마음으로
평생을 한자리에서 자기를 찾는 이를 위해
얼굴을 물 밖에 내어놓고 있는
징검다리가 삼촌처럼 보였는데

한겨울 고기를 잡는답시고 돌 징검다리를
쇠망치로 꽝꽝 때리는 저 사내들
경기驚氣를 하여 떠 나오는 물고기는
목숨 바쳐 집을 지켰는데
징검다리의 일생을 보고 있던 .
버들강아지는 엉엉 울었다

그 누구의 위로 한마디 없어도
징검다리의 묵묵한 희생 앞에서
내 욕심을 꼭 쥐었던 손이 부끄러워
눈이 시리도록 바라보았다

동생 순이에게 보내는 답신

– 가시버시의 생애 生涯–

나는 자기 아니면 죽는다. 못 산다
온갖 아기자기한 청춘의 꿈으로 사랑을 엮어
황홀함이 하늘에 닿아 붉게 타는 연애시절에
부모의 설유說諭는 귓전에도 없고
이제 부모님의 소화기로는
이 불을 끌 수 없다며 옹고집을 엮는다

하늘도 감동한 진자리 마른자리
갈아 뉘인 자리까지 상처를 내고, 결국 자식 이기는
부모 없다는 말로 자신의 뜻을 포장하여
불완전한 부부의 끈을 잇다가
돌아선 인연들을 본다.

나 이제야 중년을 넘어 말년이다
금金한 짐 지고 사는 건 아니지만
젊어서 세상에 지지 않으려고 애쓴 흔적으로
굶지 않고 때를 이어 나간다만
황혼에 괜한 슬픔들이 옆구리를 괴롭힌다.

황혼의 과도기를 슬기롭게 넘어야 행복하고
서로 욕심을 부리면 불행의 늪에 빠진다는
어느 교수는, 또 남자는 항상 말조심하고
양보의 미덕을 가져야 노년을

행복하게 보낼 수 있다면서
자식들은 노후보험이 될 수 없고
둥지를 떠나고 나면 남은 노부부는 왠지
쓸쓸함이 밀려오고 한쪽 옆구리가 시리다며
우울감에 빠지기 쉬우니
마음을 돈독히 하라는 말이 생각난다.

젊어서 살가운 부부로 정이 넘쳤는데
만남의 긴 세월을 돌아보니 부질없이
하루도 다투지 않은 날이 없고
하루에도 칼로 물 베기를 수십 번 하고도 모자라
내일 다툴 걸 당겨 와서 오늘 다투기도 했다
그러다보니 무덤까지 지고 갈 막말도 하고
조심을 상실한 행동들이 정돈되지 않고
아무렇게나 나온다.

세상에 다투지 않은 부부가 몇이나 될까마는
내 사는 것처럼 다른 사람도 이렇게 살까
낙엽 같은 푸념에 스스로의
대답으로 위로도 한다

----- ------

『옆지기를 버리고 외로움을 애완견에 의지도 하고
밀려오는 쓸쓸함이 핑크 빛 화사한 벚꽃으로 지면서
가슴에 남은 새끼들을 위한 김밥 마는 중년부인으로
거듭 활개를 펴기 시작했다며
그 시절이 숙연해 진다는 순아!...

뿌린 씨앗들을 잘 돌본 덕에
이제 부러울 것 없이 별처럼 산다며
"오빠!. 시에 내 속마음 한 줄만 써 주라"며
아름다운 소녀 적의 꿈을 담은 편지를 보내왔다
하지만, 오빠랍시고 넓은 너의 마음을
다치게 할까 봐
왠지 조심이 되는구나.

편지에는 선인善人 군자가 못 되고
옹졸함의 극치를 달리는 나도 거기에 있고
서로 지지 않으려는 격앙된 심경도 들어있고
한쪽은 술만 퍼 마시면 처음에 한말은 온데간데없이
그 자리에서 왔다 갔다 하고 한말을 또 하고
한 눈 팔며 주먹질하고, 돌아서자는 말을 쉽게 하며
조심성 없는 행보가 나날이 이어지는데
자신은 뒤에서 주먹총이나 놓는 일밖에는 못했다면서
남자들은 아이같이 왜 그러냐고

오빠도 그러냐고 하는데

나도 남자의 기질이라 다를 게 있겠냐는
대답을 차마 못 하겠구나

오빠!.
쇼핑 물건도 처음 봤을 때 마음에 드는 걸 사야지
나중에 것이 좋다고 사고 나면 처음 것을 사지 못한
후회를 하게 된다며, 물론 인생사에 비유할 건 못되지만
그때 내 눈에 안 맞는 안경으로 인생사를
저울질 한 적이 있다면서
꿈 많은 시골소녀는
우연히 첫손 잡을 기회를 어린마음에 놓았고
부모가 맺어 준 손목이 화근이 될 줄은 꿈에도 모르고
알차게 살려고 부단한 노력으로
밑 빠진 독에 물을 죽어라 퍼다 부었단다.

늦게라도 개꿈을 깼기에 다행이라며
지금은 새로운 인생을 찾아 행복하고
가끔은 버린 엳지기를 떠 올릴 때도 있지만
지금의 삶이 천석 군 만석 군이란다.』

하-아!

마치 하늘을 덮쳐 업고 날아갈 듯이 설친 게
내가 살아온 세월이고 보니
이제는 뒤 좀 돌아보고 살자
부모를 팔아 친구 산다지 않은가
하여, 난 백년지기 친구를 샀고
그 친구가 부모만큼 소중하니
희미하게 남은여생 소리 내지 말자.

순아! 너의 굳센 삶이 훌륭하다고
전화문자도 넣지 못하고
편지를 든 채 잠이 들었단다.

가시버시: 부부를 낮추어 부르는 말

라면의 교훈

뭐시 그렇게도 못 마땅해
꼬일 대로 꼬였느냐
강직한 성품, 쉬 부서지는 생을 들고
이 세상 어디에도 쓸모없을 듯하다만

얼키설킨 너의 복잡한 일생의 감정에
가진 재주가 출중하고 탁월하여
인간사 호평이 좋아
초대는 잘 받는 구나

물 한 방울에
꼬인 감정 풀리고
귀가 얇아 살며시 건넨 말에도 쉬 넘어가
인간 속에 섞여 사는 게 고작이라
한탄 한다만

얄은 냄비 속 네가
쉬 끓고 쉬 식는다 하여
만만하게 보지 않는 건
내 옹졸함과
얄망스런 생의 잔재를
털어내야 된다는 걸 보면
네가 성현으로 보이기 때문이다

봄을 울린 아지랑이

금방 빗물에 씻긴 듯한
연두 빛 새싹의 꿈처럼
봄날 목련꽃 그늘아래
화사한 꿈처럼

어린아이 같은 천진함으로
철없이 다가서는 그대를
받아줄 수 없어서
미안 합니다
미안 합니다

아껴주고 그리워해준 마음
혹여나 흠집 날까 두렵습니다.

살아가면서 외롭고 쓸쓸한 날
바람결에 묻어오는 추억이 되어
설핏 고운 웃음 한 자락 지을 수 있다면
참으로 고맙겠습니다.

미안 합니다
미안 합니다
따스한 그대의 마음
받아주지 못해서
그리운 벗이 되어 주지 못해서

어머님의 소원

음력 2월 초하루
바람 올리는 날
어머니는 목욕재계하고
정성스레 바람을 올렸다

이른 새벽
안방에 촛불 훤히 밝히고
온가족 무병장수를 빌며
조상님께 간절히 고하던 어머니의 주문

우리 자슥들 우쨌든지
남한테 모진 소리 안 듣고
안 빠지게 해주이소

국화꽃 앞에서

–장인 영정 앞에서

여든 여섯 대들보 생애
아침에 들일하고 평생 해 오던 가축들 먹이주고
돌아서다 쓰러져 하고 싶은 말 못하고
부처님 따라 은하수 건너 극락에 가시는 날

이승의 끈 놓지 못해 두 주먹 불끈 쥐고
파르르 떠는 애처로운 거북 손등은
여든 여섯 세상살이를 이승에 두고
저승의 국화꽃을 피워 내셨다

장모님을 먼저 떠나보낸 지 세 해
혼자 남아 못 다한 이승의 살림 돌보며
개똥밭에 굴러도 이승이라며 늘 자식 걱정 했는데
당신이 저승 갈 때 입고 갈 상복 속에
그 걱정, 장례비를 통장에 묻어 놓고
그 말도 못한 채 떠나셨다

슬픔을 전하는 안개꽃
영혼을 달래는 국화꽃
계절도 모르게 핀 극락의 꽃들 속 영정을
굵직한 고관대작님들이 받들고 있는데
생전에 못 보던 얼굴들도
세상 떠나니 다 본다!

나도 이승 떠나면 고관대작의 이름으로 화사한
국화꽃들 속에 내 사진 꼽아놓고
앞에서 어떤 이는 맥주 소주 환한 웃음에
화투장 돌리며 "담배 끊은 독한 놈"이라 욕하겠지
지금 다 들린다.

생일 날 2

아내가 차가운 바람 앞세워 새벽시장 길에
생선을 사 왔는데
후꾸시마 앞 바다의 파도가 넘실거리고
그 동네 사람들 가슴을 내 밀며 독도를
내 땅이라고 우기고 역사를 거꾸로
가르치는 걸 보고 갈매기가 웃는 게 보인다.

저 고등어가 몸에 좋다는데
그 동네 자국민들도 안 먹는 고등어를
한국이 수입을 금지했다고 따지러 온단다.
자기네 가족들이 내가보는 앞에서 먹는다 해도
수입할 수 없다고 할 것이다
논 이웃, 집 이웃이라 말을 참으려 했건만
이런 배은망덕한 일이.....
바다가 무거워서 끙끙 앓는다.

깊은 물속 고기들이 어딘들 안가겠는가
믿을 것이 못되어
아침 생일상을 앞에 놓고
궁시렁 거릴 수도 없어
입이 헐헐 헐도록
미역국만 자꾸 퍼 넣다가
눈물 글썽인 눈으로
잘 먹었네 했더이다.

6부
추억의 길 위에서

바쁜 전보

저놈의 뻐꾸기
산 앵두 몇 개 따 먹고
이팝나무 꽃 숲에서
늦봄을 부르며 오갈 데 없는 이내 마음을
흔들어 놓는구나.

봄이 되어
화단 앵두나무에 앉은
두견새만 봐도
자꾸 핑계 없는
눈물이 핑 도는데
저놈의 뻐꾸기 까지
내 가슴을 파고들어
하염없는 눈물을 나게 한다.

이런 날 누군가
전화 한통 넣어주면
푸짐한 안주와 술은 따 놓은
당상일 텐데

순간
꽃 속에 꿀벌들이 난데없이 달려들어
쓸데없는 생각으로 시기 놓치지 말고

앞 강가에라도 나가면
좋은 일 있을 거라며
이마에 일침을 놓는다.

봄날 바쁜 전보다

하는 일마다 그렇다

나 같은 머저리가 또 있을 까요
옆에 두고도 둔 줄 모르고
이제 대국 망하는 병이라도 든 건지
애써 되는 일이라곤 아무것도 없습니다.
이런 가슴으로
그대가 남긴 그리움의 씨앗을
아련히 부르고 싶어, 불러도
목안에서 집을 지은건지 소리는 밖으로
나오 질 않습니다.

엉뚱하게 한이라도 풀고 싶어
"뭐시기, 거시기" 하고 그대를 부르면
메아리만 한 없이 한 없이
뭉게구름 따라 흘러갑니다.

돌아오지 않는다는 걸 뻔히 알면서도
콩밭 수숫대처럼 머저리가 된 나는
하지 말아야 될 엉뚱한 생각으로
가슴에 상처만 냅니다.

종일 고된 일도 보람은 자화자찬
혼자 나팔 불고 떠드는
비단개구리 같은 인생이 되었지요.

비단개구리는 독이 있어
친척도 없는데
나 성질 나쁘기로 비단개구리 독보다 더하니
입만 열면 식구들에게 구박을 받는 답니다.

나도 모릅니다.
머저리 같이 계절 지난 생각들만
머리에 가득 합니다, 이러다가
병이라도 앓으면 누구 책임責任일까요

옷깃만 스쳐도 인연인 걸

그대가 세상을 숨어 살 듯 숨어도
인연이 닿으면 필시 만나지는 것이니
하여, 숨었다 할 수 없고

그대가 어느 날 문득 바람 따라와
슬그머니 내 가슴에 쪽빛
씨앗 하나 심었지요.
어느새 잎이 무성해
그늘 만들어 놓고는
다부지게 나를 감싸 안았지요

내 헝클어진 마음에도
겨울나무 가지처럼 앙상한 몸뚱이도
그대가 봄 햇살로 물을 줄 때마다
어머니처럼 보였습니다.

부끄럼으로 건넨 말이 씨가 되어
활짝 핀 모란 꽃 봄으로 다가와
산 벚꽃처럼 화사하고
따뜻합니다.

혹 인연이 짧은 끈으로 맺어졌다하여
홀로 떠난다 해도

보고픈 그리움만 남는다 해도
남겨준 그리운 사랑, 조각배 추억으로
눈부시게
눈부시게
소중히 간직 하겠습니다.

들국화 연정

집 옆 동산에
아파트 건설한다고 포크레인이 밤낮
돌 먹는 소리에
들국화 한송이 귀가 쟁쟁하다
아무도 보아 주지 않아도
초 봄부터 혼자 거기 있었고
여름 내내 나 좀 보라며 산들산들
엉덩이 흔들었다

내게 오래된 향기를 주며
외롭지 않다고
지날 때 마다 꽃잎을 내어
사랑한다고
이 가을에 환 하게 웃었는데

육중한 쇠바가지 앞에 산도 바위도
허무하게 나가 떨어지는 공사현장에서
오랜 사랑을 위해 나도 주식主食을
기름으로 바꿔야겠다고 투덜대니
들국화 노란 이파리는
늦가을로 웃는데
난 빈손이라 대답을 못했다

며칠 뒤 몸살을 앓고
헐렁한 신발로
산책길을 나섰는데
허허 벌판으로 변해버린 산길에
들국화 꽃잎들 만 떠들고 있었다.

벼르고 벼르고 손 없는 날

반가운 손님이 올 거라고
까치가 앞집 감나무 꼭대기에서
오늘 일 미리 알고 목 터져라 외치네요.

제발 조용히 하라고 입막음을 암시해도
이일 내가 하는 일이라며
동네방네 고자질을 해
꾸어먹던 장어 꼬리를 줘도 본체 만체 하고
몰래 만나려던 일
온 동네를 외치며 고해바치는 통에
에라- 나도 못들은 척 했소이다

고추 모종 심다말고 쫓긴 마음으로
삼천포 횟집으로 내달렸는데
그대의 쪽 빛 쉐타 옷처럼
푸른 바다는 그 많은 지난 이야기를
쓸어 담고 있었습니다.

세상에는 비밀이 없다는 말 꼭 맞습니다

까치 말 듣고 고추 모종 옮겨야 될 일을
내 몰라라 내던지는 죄 저지르고 보니
회 쌈을 먹어도 쉬 목을 넘지 못했습니다.

오늘은 이춘풍이 풍월로 살다 간 길을
따라 해 보려 했는데
왠지 멍멍한 마음이 석연치가 않은 게
오늘밤은 요강이고
별보며 벌 서지 싶으이

의미 없는 날

달걀 노른자 같은 아침 햇살이
포도나무 꽃향기를 훔치며
조르르 떼 써는 아이처럼 보채고 졸라
산책길 나섰는데

옆집 대문 틈 사이에 끼워진 초댓장 뭉치를
갸우뚱 고개 숙여 바라보니
안개꽃 무더기 속에
장미 꽃송이가 환하게 웃는 걸보니
새로 한 쌍이 만들어지는 모양이다

아카시아는 나를 잡아 가둘 듯이
하얀 매혹의 향기를 뿌리면서
고결한 자태의 드레스로
마음을 흔들고
지나는 바람도 향기에 도취되어
흔들거리는데
난 넋 놓고 길섶에 앉아버렸다

골목길엔 세발자전거 종소리가 요란한데
그대의 기별은 기다려도 오지 않을 걸 알면서
환청에 들리는 전화벨 소리에
마음하나 접지 못해

무심코 청포도 송이만 헤아리며.
의미 없는 하루를 보내노라.

추억의 길 위에서

그 때 추억의 길을 우연히 가게 되었지요.
무심히 달리는 차창 밖 풍경이
오랫동안 봐 온 것처럼 낯 익는데
말하지 않아도 알고 있는 듯
가슴 따뜻하게 젖어 왔습니다.

마음을 모르는 버스는 무정하게 달리고
고향의 봉숭아꽃처럼 정겨운 그대가
콧등에 땀방울을 송송 일구며
해장국을 먹었던 그 집 앞에 이르고 보니
울컥 그리움을 토하는 서러움이 밀려와
자꾸만 돌아 보았습니다.

끓는 꼬막 국수를 퍼주던 그 집은
오늘도 사람들이 가득한데
그때의 그리움에 울컥했습니다.

차는 산모퉁이를 돌아
그 집도 보이지 않고
멀리 하얀 두루미 두 마리가
논에서 푸드덕 날아올라
서로 다른 방향으로 날아갑니다.

재주로 밥을 먹다

숨긴다, 숨는다 하여
그리 쉬운 일이든가
하물며 닮았다는 재주 하나 믿고
더부살이가 더 어려운 일일 터인데
제초제 돌격에도 매끄럽게 피해가며
내 눈을 따돌리는데 보통 재주가 아니다

농작물이 주인 발자국소리에 큰다기에
자주 살폈지만 예리한 눈길을 피하는
피사리의 생애,
그런 재주를 조금도 배우지 못한 까닭에
전설 같은 삶의 비탈을 헤매고 있지 않은가

하여
성질도 북북 독불장군에
피사리 같은 눈썰미도 없어서
누구하나 좋다는 사람이 없다

그리하여 혼자 산골짝에
울밋대 꺾어 집짓고
두견새 지저귐을 꿈으로 엮은 집에
천년 만년 살고 지고
천 만년 살고 지고!

게으른 전화

폰에서 시간이 바뀌어 넘어가고
비는 가늘게 내리는데
내 머리엔 이월 된 생각들로 복잡하다

눈뜨고 졸고 있는 저것이
오늘은 고장인가
쓸데없이 두들기던
광고 전화도 없다

자꾸만 눈은 책상 위
전화기를 훑어보고
제 위치로 오지 않는 까닭은 뭘까
누구 이런 날 한번 보자고
전화 한통만 넣어준다면
성모마리아로
부르고 싶은 날 오후

봄이 오는 소리

하얀 눈이 쌓였던 앞산에
눈이 보이지 않습니다.
나를 가지고 갈듯이 불던 바람도 순두부처럼
말랑말랑한 걸 보면
새 봄이 오나 봅니다.

봄아! 오는 길에
막걸리 집에 들리지 말고
물레방앗간 혼자 조용히 사는 젊은
춘천 댁에 들리지 말고
곧장 오라고 당부를 했습니다.

반갑다 청하지도 않았는데
들뜬 마음으로 이곳저곳을 들리다 보면
내 집은 필시 늦을 것이라
작년 봄에 일찍 오라 약속을 했지요

만약에 늦게 오면
내 집 화단에 옷을 벗고 기다리는
저 샛님 들에게 뭐라고
변명을 해야 할지....

나의 사계四季

나는
봄이면 옷을 하나하나 벗는데

저 산은
봄이면 옷을 하나하나 입는다.

내
겨울은 옷을 한 겹 두 겹 포개 입는데.

하지만 산은
겨울에 옷을 하나하나 벗는다.

몸 살

원기가 없어서 그럴 거라는 짐작으로
헛소리도 하고 식은 땀이 흘러 한의원에 갔습니다

한의사는 마음의 병이라며
듣지 못할 혼잣말로 진료부를 쓰면서
몇 첩의 약을 지어 주며 귓속말로
"혹여 말 못할 사연이라도!"라며 말을 흘리면서
"마음대로 잘 안 되나요?"
이 나이에 무슨 애인, 딱 잡아 뗐습니다.

한의원에서는 그런 것도 진맥에 나오나 싶어
이제 안가기로 했습니다.
산 제비 고개 넘는 저 멀리 안부만 가끔
구름타고 바람타고 조금씩 묻어 올 뿐입니다

이튿날 수도 요금 영수하러 농협에 들렀지요.
꼭 닮은 직원이 웃으며 맞았습니다.
씻은 듯 식은 땀이 멎고 홀가분했습니다.
몸살이 나았습니다.
이제 진찰료도 없고
농협에만 가면 병도 낫고
마음도 편하니
좋은 약 먹으려 자주 갑니다.

가을비는 떡 비다

난 아직 추수도 못했는데
추적추적 가을 떡 비가 내린다.
초목이 생기가 파릇파릇한 지난여름
세상을 시끄럽게 끌고 다니던 푸르름들은
이제 다 떠들었는지
빈껍데기 영혼들이
뒷 창가에 내려앉는다.

인간 세상도 생기 있을 때 떠들어야 한다고
자식들 계산 없이 마구잡이로 노는데
보자니 못 마땅해 나이 들어
메뚜기 한철 살듯이 할 거냐고
어느 곳에도 없는 현재의 내 젊음 하나를
계산해서 쓰고 아낄 줄 알아야 하는데
물 쓰듯 쓰냐며 나무랐는데

아내도 노는 건 젊어서 놀아야지
나처럼 늙으면 골목길도 타국 같다며
입술을 삐쭉 내 밀며 한수 거드는데
단풍잎이 젊은 떡 비를 맞으며
무릎 앞에 내려 앉는다.

가을비를 떠나 보낸다.
떡 비를 떠나 보낸다.
그럼 나도 다 떠들었으니
떠나야겠다.

고구마 연정

허기진 가뭄에 정든 님같은 빗방울이
눈물 되어 내리던 날
정형외과 자격증도 없이
아내는 고구마를 옮기자며
사온 고구마 줄기의 허리를 싹둑 잘랐다

하얀 피가 흐르는 대수술을 감행하면서
타협 한마디 없이 속의 위장과 간을 분리하고
대장과 쓸개를 분리하고 심지어 대뇌까지 분리하여.
잘린 줄기를 소독 없이 땅에 꾹딱 처박는 것이었다.

생물학적 유전학원론에서
여성의 종족 번식론을 보면
무無를 유有로 창조 하는 조물주로써
대단한 신통력의 소유자이므로 그 견해를
따라야 한다는 전제가 있다, 그러나 왠지
인상을 찌푸린 고구마 줄기가 애달프다
인간으로서 못할 짓을, 또 하나의 업業을 짓는다 싶다

며칠 지나 잎은 말라 없어졌고 줄기만 남아
뙤약볕이 불을 품어대도
모질게 버티는 게 안쓰러웠다.
올 고구마 농사는 실패다

그러나
내 한발 앞선 잔소리에 열 올릴 것이 아니라
물이라도 한 모금 주어야
나중에 방임 죄를 감면 받을 것 아닌가 싶어
장화 신발로 물을 길러다 주었더니

요것들 마른줄기에서 싹을 비집고 내더니
며칠 사이 삼라만상을 시퍼렇게 숲으로 뒤덮었다
저런 기술이 내게는 왜 없을까
내 몸뚱이에 저런 기술을 접목하면
사는 걸 왜 걱정 하겠는가 말일세.
생을 다 바쳐서 한 일인데도
성공한 일이 없고 마지못해 한 일 뿐이고
갈증의 늪에서 허우적거리는 물방개 같은 내게
물 한 모금 주지 않는 그대를 원망했더이다.

고구마 줄기 싹둑 자르듯 그리움의 미련을
자르지 못한 사내가 되어
찌르르 찌르르 찌르레기 우는 소리만 하고
아-아
그대여 내 가슴에 그리움의 덫을 놓아
후일 서글픈 영혼으로 남아서
구천을 떠돌 것 같소이다

내 집 2

나는 조용하다
조용히 살며 이웃에게 도움도 주고
슬픔과 기쁨도 함께 나누고
매우 성실하여
다람쥐처럼 산다.

그런데, 지금 매우 시끄럽다
하-아 어쩌자고 날만 새면
거리에서 와와, 직장에서 와와
목이 터져라 외치는 저 사람들은
뭣이 잘못된 것이 있어서
한쪽에선 잡으려 다니고
또 반대쪽은 도망가고

나랏님들은 날만 새면 불통이라 외치고
북쪽에는 샛노란 싹이
큰 족장을 죽였다고 티브이는 왕왕하고
옆 동네 섬사람들은
내 집의 텃밭을 자기 땅이라 푯대를 올리는가 하면
죄 없는 어린 소녀를 납치해 못된 짓을 하고도
그런 사실 없다고 뚝 잡아떼면서
오리발을 쏘옥 내는.... 아-아 정말
저 oo같은 oo들 내가 해치워야 겠다

방송을 아예 보지도 말고 귀도 막자
뱃속이 끓어 넘쳐서 냄새가 지독하게 난다

코 큰 저 사람들은
한참을 내려다본다, 뭘 노릴까
섬사람과 다투다 힘이 빠지면
가마니에 주워 담으려는 걸까
땅 덩어리는 하루도 조용한 날이 없다
내 집은 이유 없이 조용해야 되는데
잠이나 자야겠다.

저 세상으로 가기 전에

나눌 것도 없으면서
뭔가 나눠주지 않은 것 같고
기다려 주지 않는 하늘로 가는 급행열차는
예매도 길게는 안 해주니
일자 맞춰 타지 않을 수 없고, 미리 조금씩 나누고
여물게 당부를 해야 된다
할 말도 미리 당겨서 하고
희미할 땐 못한다, 샘물 같은 정신일 때 하자
묵은지 같은 마음으로 해야 할 일을 미루면
딸깍발이* 게으름에 가격이 얼마나 오를지 모를
비싼 하루해를 또 보내야 한다.

자손들이 내 생전에 가르친 걸 올바르게 안하면
뛰어 와서 확인할 수 있을까
아 아!...
이 일 만은 꼭 옴짝달싹 못하게 해 놓고 가야 되는데
물 건너 저 사람들
북쪽에 있는 저 사람들
큰 동네 저 사람들
대체 어떻게 해 놓고 갈까
주위의 만류로 차마 내 나서지 않는다만
긴급하면 달려 올 것이다

떠날 때 아프면 어쩔까, 차비는 얼마나 들까
남아있는 자손들은 어찌할까
세상이 어떻게 변할까, 내 주변의 그리운 것들
손때가 묻은 것들은 어찌할꼬
정말 남겨진 일들이 걱정 된다
하여, 못 간다고 친구들 품을 앗아
질기게 질기게
우기면 안가도 될 것이다.
그렇다 우기자 우겨

*딸깍발이 : 신이 없어 나막신을 신는 가난한 선비

나는 영혼이 없다

건강검진을 받으러 갔다
병원 입구에서부터 소독 냄새와 하얀 가운들
환자들이 붐비는 로비에 들어서면
내가 큰 병이 든 것 같아 겁부터 난다
그래도 하얀 가운을 보면
천사 같다는 느낌은 어디서 오는지

이를 테면 막걸리 먹는 주막이라면
고스톱 치는 안방 같다면
휘파람 불며 갈 텐데
그리 될 일이 영 아니지만

의사는 뱃속에 영혼을 살펴보자며
침대에 눕히고는
죽음의 까만 밤을 덮어씌우고
호스를 내 영혼 속에 밀어 넣고는
사진을 찍고 복사까지 했다
내 영혼을 속절없이 도둑을 맞았고
후일 내가 지고 갈 영혼은 없다

죽음의 길을 미리 가보았지만
꽃이 핀다는 천당이나
죽음 밖에 없는 살벌한 지옥이 있다는데
나는 하얀 하늘만 봤다.

타산지석

보기 좋은 꽃도
시들거나 썩으면 버릴 것이고
비할 데 없는 드높은 부모 은공도
생각해 보지도 않고 버리는
요즈음 세태들 앞에서

몇 개 감자는 수도꼭지 밑에서
달갑지 않은 냄새로 제 몸을 썩히고 있었지요.
감자는 자신의 몸이 썩음으로써
다시 태어날 수 있다는 걸
보여주려는 것이었습니다.

이를테면 밀알이 되겠다는 것인데

아내는 며칠 지나
주물럭 주물럭 체에 치고 걸러내니
하얀 고운 가루가 되었는데 그걸 가지고 떡을 했다
역겨운 냄새는 간데 없고
감자떡이 목을 넘는 소리가 요란했습니다.
식구가 떡을 저녁삼아 먹으면서
씹지도 않고 넘겼습니다.

결코 감자의 헌신을 봤기에
남은 여생 처신을 바로 하겠습니다.

평준화

저녁 먹고 골목길 나온
퇴직 수 년차 이웃아저씨가
한참을 놀아보니
집에 있는 사람이나 산에 누운 사람이나
다를 게 없고, 밥 썩히는 기계라고 하면서
내 나이 때 되면 모든 게 평준화라
가물가물한 귀에, 남의 말에 딴전 펴고
팽팽 돌던 기억도 .
아스라이 잠긴 나날을 보낸단다.
담배, 손에 들고 담배 찾고
손자 업고, 손자 찾는다는 말
예사로 듣지 말라며
퇴직 초년생인 내게 눈을 깜빡인다.

돈이 있어도 나를 위해 쓸데가 없고
먹는 것도 애들 밥이라
영 먹히지 않는다며, 돈 많은 사람
많이 배운 사람, 돈이 없는 사람
다 똑 같다며
인생을 다한 사람처럼 탈기를 한다.

그나저나 할멈의 남은 인생은
손자 오줌 걸레라도 빨아 널고

마루라도 훔치니 푸대접은 안 받을 터이고
내 이놈의 기는 살아온 풍월이 있어서
소리나 팩팩 지르고
속옷 빨래도 할멈이 있으니 내어 놓지
며느리에게 내어 놓겠는가
남은 생이 걱정된다며 한숨에 땅이 꺼진다.
어쨌거나 내가 먼저 가야 한다며
죽음도 근심으로 다가 온단다.

아– 서산에 걸린 해를 보니
나도 그 차에 타고 있는 게 확실하다

밤중에 받은 전화

야간근무 중 이었습니다
아내의 다급한 목소리
헛기침 삼킨 목마름, 한마디로
"어머이가 죽었대!"
찰칵, 끊어진 전화

달빛 검은 구름 속으로 달리 듯
허겁지겁 타이어 화근냄새
팔팔 날리며
번개같이 달려도 차는 제자리
"장모 니 – 임!"

새끼들 바라보며
대답대신 손가락만 꼼지락 꼼지락
더 보탤래야 보탤 것도 없는, 평생
맨발로 이고지고 나른 흔적 뿐
나무껍질처럼 거친 손등은
자식들 애태운 피가 흐르고
이마 주름엔 오남매가 보이는데
머리맡에는 박하사탕이
슬피 녹고 있었습니다.

주무르고, 따고,

따뜻한 물 드레싱으로
실신에서 깨어난 장모님은
늘 입버릇처럼
“귀는 남의 말을 들을 수 있어야하고
몸은 헌신에 쓰라” 하시는데
내 오지랖도 챙기지 못한 주제가
한스러워 어찌할까 싶었습니다.

장롱 속엔 당신 회갑 때
장수하시라 드린 덮저고리 이날 이때까지
그대로 곱게 포개어져 있었지요.
늘 드나드신 반질반질한 부엌 문턱엔
나뭇가지 널브러져
당신 흔적 고스란히 가득하고
저녁 놀 깔려있는 골목길 장독대에
빠알간 석류꽃이 피었습니다.

그 씨앗 하나

처음 인쇄 2014년 2 월 20 일
처음 발행 2014년 3 월 15 일

지은이/ 心泉 홍영택
펴낸이/ 이 승 한
펴낸곳/ 도서출판 엠-애드
등록번호/ 제2-2554
100-863 서울 중구 충무로 4가 36-7, 2층
전화/ 02)2278-8063.4
팩스/ 02)2275-8064
E-mail/ madd1@hanmail.net

정가: 10,000 원

ISBN 978-89-6575-054-3 03810